LES "STATES" EN RÉALITÉ

VISITER, ETUDIER, TRAVAILLER: TOUT SAVOIR SUR LE SYSTÈME AMÉRICAIN

LAURA MIHEZAN EKONDE

Publié par Marfilena Books LLC

ISBN: 979-8-9883989-0-5 (print)
ISBN: 979-8-9883989-1-2 (ebook)

Des réductions sont disponibles pour l'achat en gros de ce livre pour votre
société, association, conférence et université.
Contactez-nous à book@lauraekonde.com

À des fins d'informations seulement.

J'ai toujours considéré l'écriture comme une forme de thérapie. Cette passion, je l'ai depuis l'enfance, eh oui, je faisais partie de celles qui tenaient un journal intime! Je remercie le Seigneur qui me permet d'être dans un état d'esprit adéquat pour concrétiser ce long projet. Je suis tellement fière de moi, j'ai le cœur rempli d'émotions.

Ce livre est dédié à ma fille Mona, mon compagnon Jean-Brice, à mes parents Monique et Omer, à mes soeurs Nelly et Tania, à mon défunt petit cousin, Charles Emmanuel; et aussi à toutes ces personnes qui rêveraient de voir un jour les États-Unis, j'espère que ce livre vous décrira l'image la plus réaliste de ce pays de "rêve".

Un merci spécial à:
M. Mbra Jérémie, Professeur de Philosophie,
Dr. Cédric Kissy, Enseignant-chercheur, écrivain,
Isabelle Kassi, Professeur en Relations Internationales,
Aux étudiants Felix Mavanga, Berenice Yao, Andy Yamble, Karelle Gnanzou, Claude Hiol.

et toutes ces personnes qui m'ont guidé pour l'édition de mon premier ouvrage Les "States" en Réalité.

«*Lire, c'est boire et manger. L'esprit qui ne lit pas maigrit comme le corps qui ne mange pas.*»

Victor Hugo,
Faits et croyances, 1840-42

AVANT-PROPOS

Les États-Unis ont bien souvent une image biaisée, vus de l'extérieur. Avant le temps de l'internet, la télévision était le moyen par excellence pour s'en faire une idée. Il est donc très facile de tomber des nues lorsqu'on y met les pieds pour la première fois. Lors de mon dernier voyage au pays, bien de personnes me demandaient en langage courant: "mais c'est comment là-bas?". J'étais perplexe à répondre, et je me disais intérieurement: "Je suis en train d'écrire tout un livre sur la question". Mon but, à travers ce livre, est que toute personne ayant lu apprenne quelque chose de nouveau sur les États-Unis.

En plus, avoir accès aux bonnes informations lorsqu'on vient d'arriver dans un pays étranger n'est pas évident et aucune personne de la diaspora ne me dira le contraire! Nos connaissances ne maîtrisent pas elles-mêmes le système ou n'ont pas le temps de nous guider pas à pas. Alors, dans quel climat vivons-nous aujourd'hui aux États-Unis? Qu'est-ce qu'il faut savoir avant d'arriver et même pendant qu'on y est? Et la question la plus pertinente est: qu'est-ce que les autres pays ont à apprendre du système américain?

Victor Hugo dit: "Lire c'est voyager, voyager c'est lire." Alors, préparez-vous pour un bon voyage sans turbulence!

INTRODUCTION

Il est connu de tous que les États-Unis sont le pays le plus riche au monde par son économie. C'est l'une des raisons majeures pour lesquelles de nombreux immigrants choisissent ce pays comme destination. Selon le Pew Research Center, environ 13.7% de la population américaine est étrangère. Certains viennent pour les études, le travail, et d'autres pour échapper à des aliénations politiques ou sociales. En tous cas, beaucoup y viennent pour une meilleure qualité de vie, à la recherche de "L'Eldorado".

L'assimilation est le fait de radicalement adopter une culture, dans toute son intégralité: vivre, se comporter comme un autochtone. Quant à l'intégration, elle est le fait de faire partie d'une nouvelle société tout en conservant quelque peu son héritage culturel. En dépit de la menace qu'elle pourrait porter sur l'homogénéité du pays d'accueil, je pense qu'une société diversifiée est plutôt une richesse, et cela est une marque de l'identité américaine. Tout ceci est avéré, de mon point de vue; mais il est important de mentionner avec un grand M qu'avant d'avoir du succès dans un autre pays, il faut tout d'abord comprendre sa société et son système. Alors comment fonctionne ce système? Qu'y a-t-il à savoir sur le pays avant d'arriver? Comment s'adapter et s'intégrer facilement? Qu'est-ce qui n'est pas dit dans les médias? Quelle est la mentalité des Américains?

Avant de rentrer dans le vif du sujet, il faut expliquer comment sont répartis les États-Unis. C'est un pays qui est divisé en plusieurs États, 50 pour être exacte, (c'est littéralement des États qui sont tous Unis!). Nous avons 48 États regroupés sur le sol américain en lui-même, visibles sur la carte géographique du pays. Aussi, nous avons l'État d'Hawaii situé vers le Japon, à 6 heures de vol de la Californie. On a, enfin, l'État d'Alaska qui est situé tout au Nord-Ouest du Canada. En plus, nous avons d'autres territoires (pas des États) qui appartiennent aux États-Unis tels que Guam, les îles Vierges américaines (US Virgin Islands), les Samoa américaines, les îles Mariannes du Nord et Porto Rico.

Le drapeau du pays porte 13 rayures représentant les 13 colonies d'origine et 50 étoiles pour les 50 États actuels. La population Américaine est d'environ 332 403 605 habitants. Elle en est à son 46ème Président depuis son indépendance en 1776. Le pays est très vaste (9834 million Km2). Après l'Alaska (1 717 856 Km2), le deuxième plus grand État est le Texas qui est même plus grand que le territoire de la France (695 662 Km2 comparé à 643 801 Km2).

Saviez-vous que l'Alaska appartenait à la Russie jusqu'en 1867?

L'idée d'aborder ce sujet m'est venue car, en arrivant aux États-Unis, j'avais besoin d'un point de référence, d'une ressource inépuisable pour me guider (en dehors de Google). Je voulais éviter de toujours dépendre de mes oncles et tantes pour obtenir des informations. Je n'aime pas spécialement déranger les gens et j'apprécie mon indépendance, être libre de faire mes propres choix sans que personne ne les dicte. Les personnes sur lesquelles nous comptons pour nous aider n'ont pas forcément "le temps" de le faire. Comme les Américains le disent si bien ici, le temps, c'est de l'argent! J'ai eu le privilège de rester à la maison pour m'occuper de ma fille pendant toute sa première année. Et pendant cette "année sabbatique", j'ai saisi l'opportunité de renouer avec ma passion pour l'écriture.

Ma première visite aux États-Unis était à l'âge de 18 ans et j'y suis restée pendant trois mois. J'étais tellement impatiente de découvrir ce pays que je voyais sur MTV! J'ignorais complètement à quoi m'attendre, car cela faisait plus d'une décennie que je n'avais pas visité un pays occidental. Pendant mon séjour, le premier constat qui m'avait choquée était la chaleur! Eh oui! Je me disais que ce n'était pas possible qu'il fasse plus chaud ici que dans mon Abidjan natal! C'était en été, et la chaleur dépassait facilement les 35 degrés Celsius.

Un an plus tard, je suis revenue m'installer pour continuer mes études supérieures; et comme on le dit couramment, "trouver ma place au soleil"! J'étais aussi émerveillée par la diversité. Il n'y avait pas que des "Blancs", mais en plus, un grand nombre d'Hispaniques, d'Asiatiques et de Noirs!

En faisant la navette entre la Côte d'Ivoire et les États-Unis, je me suis rendu compte à chaque fois des différences entre ces deux mondes; les découvrir était un privilège qui me laisse toujours aussi émerveillée. Après plus de douze années vécues ici, je peux dire que le sujet «États-Unis», je le connais bien. Il m'est donc paru évident de parler des États-Unis dans un livre: à quoi s'attendre réellement, pas ce qu'on voit dans les médias mais plutôt toutes les informations nécessaires, que ce soit pour un visiteur ou un immigrant, pour avoir une expérience guidée et complète. Alors prenez note, utilisez le surligneur si besoin et n'hésitez pas à revenir sur certains points pour références. Bonne lecture!

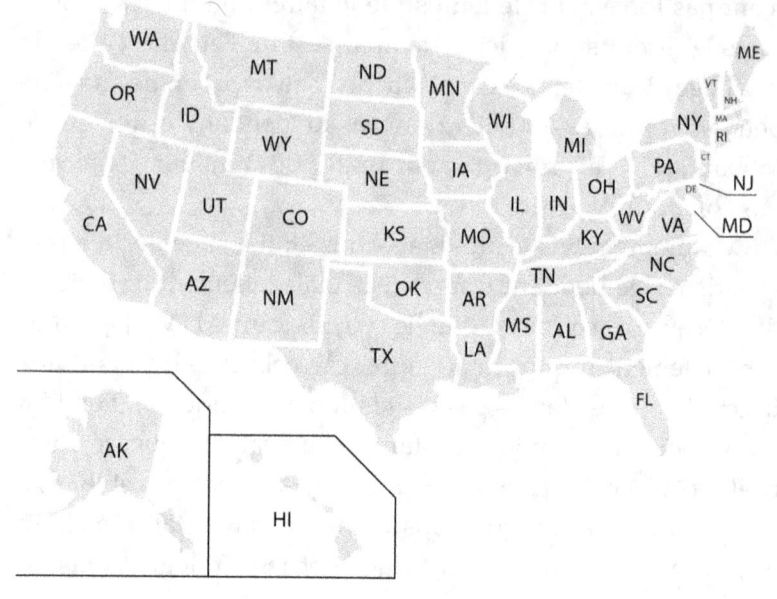

La carte des États-Unis

CHAPITRE 1
TOURISTE 2.0

BIENVENUE AUX ÉTATS-UNIS!

Faire sa valise

Je me rappelle encore l'émotion ressentie dès réception du passeport avec le visa en poche. Il est temps de faire les courses, de se préparer pour le voyage. Chez nous en Afrique, pendant ces moments, on ne le communique pas aux autres par peur d'être victime de jalousie. En fonction de la saison, on prend nos habits qui font "statois" (jacket en cuir qu'on n'osait pas porter au pays!) et une partie des valises est réservée à la nourriture! Pour les Ivoiriens, l'attieké ou couscous de manioc est la nourriture de base à emporter, mais cela n'est pas nécessaire à mon avis pour deux raisons: la plupart des grandes villes ont des boutiques africaines qui vendent la plupart des mets de chez nous; ensuite, visiter un autre pays, je pense que c'est aussi expérimenter ses propres plats! En plus, ne pas prendre trop de choses comestibles permet de gagner en temps à la douane.

Il faut faire très attention aux colis, surtout des personnes que l'on ne connaît pas. Il faut toujours faire sa valise soi-même et vérifier méticuleusement tous les colis par mesure de précaution. S'assurer d'avoir toujours le passeport et autres documents administratifs tels que: billet d'avion, documents prouvant l'hébergement qui peut être le reçu de l'hôtel, la lettre de l'hôte par exemple. Tous ces documents doivent rester dans le bagage en main vu qu'on en aura besoin durant le voyage jusqu'à destination.

Toujours garder quelques vêtements et articles de toilette dans votre bagage à main au cas où les autres bagages enregistrés n'arriveraient pas en même temps. Cela se produit fréquemment lors de vols long-courriers à la fin de l'été et à la fin de l'année, car les compagnies aériennes sont très occupées et peuvent choisir de laisser certaines valises, surtout lorsque certains voyagent souvent avec 3 ou 4 valises! Pour ma part, je préfère utiliser des valises de couleurs vives, facilement reconnaissables, et si elles sont assorties, c'est encore mieux! J'évite également de voyager avec trop de bagages, en restant en dessous de la limite autorisée, afin de ne pas être stressée lors de la pesée.

Arrivée à l'Aéroport aux States

En fonction de la ville où nous partons, on atterrit dans un hub, un aéroport principal où se passe la petite session interrogatoire pour recevoir le tampon dans son passeport. Les questions seront plutôt directes et elles demanderont des réponses aussi directes; donc, pas le moment de tourner autour du pot. Naturellement, les Américains ont tendance à fixer du regard en communiquant. Il est donc important de ne pas se sentir intimidé par cela, et il faut aussi regarder dans les yeux en retour, ce n'est pas impoli! Les questions de l'agent seront dans l'ordre suivant: pays d'origine, raison du voyage, lieu d'habitation, durée du séjour, qui est votre hôte, qui paie le séjour. Les agents de sûreté ont le droit d'ouvrir vos valises pour fouiller. Il est important de savoir que pour les visiteurs, même avec un visa "entrée multiple" de 10 ans par exemple, la durée de séjour maximale est de six mois sur le territoire.

Hôtel ou Airbnb?

C'EST QUOI UN AIRBNB?

C'EST UN SITE INTERNET OÙ TOUT PROPRIÉTAIRE D'UN LOGEMENT TEL QUE MAISON, APPART, CABINE, BATEAU ET AUTRES PEUT METTRE EN LOCATION JOURNALIÈRE, HEBDOMADAIRE OU MENSUELLE SA PROPRIÉTÉ À UN PRIX COMPÉTITIF COMPARATIVEMENT À CELUI DES HÔTELS TOUT EN GARDANT UNE TOUCHE LOCALE ET ORIGINALE POUR LA MAJEURE PARTIE DU TEMPS. EN PLUS, ON Y TROUVE BEAUCOUP DE LOGEMENTS ATYPIQUES, CE QUI PEUT EMBELLIR L'EXPÉRIENCE.

Pour un petit séjour de vacances, faut-il choisir un hôtel ou un Airbnb? Tout dépend du budget, de la ville, du nombre de personnes et de la raison du séjour. Allons-y cas par cas:

- Pour un groupe de jeunes en vacances par exemple, il serait plus intéressant de choisir un Airbnb *(ou Vrbo le service compétiteur)*. L'espace est plus grand, il est plus facile de manger à la maison, il y a beaucoup plus d'équipements et d'accommodations de la part du hôte. Certains hôtes mettent dans leurs propriétés des suggestions d'endroits locaux à visiter pendant le séjour. Et avec cette option, le séjour pourrait être moins coûteux à la fin. Choisir cette option permet de supporter les petits business locaux, surtout que c'est la tendance en ce moment.

- Pour une personne en voyage d'affaires qui a des conférences, des réunions d'affaires, un hôtel serait plus adapté et plus accommodant. Pas le temps de faire le ménage, la cuisine et tout est à disponibilité à l'hôtel.

Choc culturel

La mentalité américaine peut être choquante au début, mais on s'y habitue avec le temps. Certaines choses, même les plus insignifiantes, peuvent être plus dérangeantes que d'autres simplement parce que nous n'y sommes pas habitués. Saviez-vous qu'aux États-Unis, le rez-de-chaussée est considéré comme le premier étage, et dès que l'on monte d'un niveau, on se trouve au deuxième étage? Dans notre pays, le rez-de-chaussée est noté zéro, et le premier étage est plus élevé. Je me souviens à quel point cela a dérouté ma mère une fois. Quand j'empruntais l'ascenseur pour rentrer chez moi, elle me voyait sur mon balcon et je lui disais que j'étais au deuxième étage, tandis qu'elle soutenait que j'étais au premier. Mais bon, selon vous, laquelle des approches est la plus logique? À débattre!

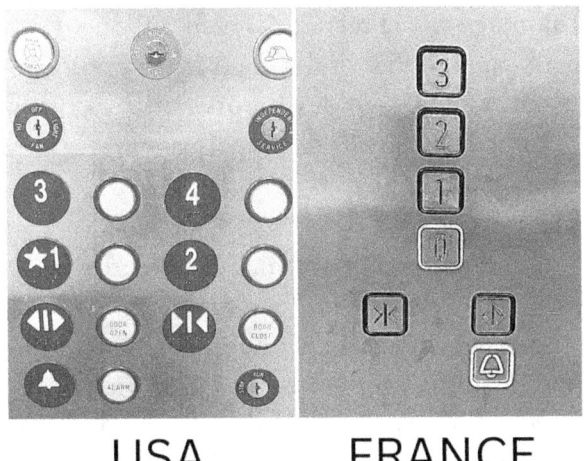

Rez-de-chaussée USA Bouton 1 / Rez-de-chaussée France Bouton 0 - Image France: Coria Sidibé

Comme mentionné auparavant, le temps est précieux ici, donc arriver en retard à un rendez-vous est très mal vu. Un rendez-vous est généralement annulé après 15 minutes de retard, chez le médecin, pour un business, un entretien d'embauche, une tâche administrative. J'en ai payé les conséquences plusieurs fois mais une fois, j'avais un rendez-vous pour une visite médicale pour ma fille, je suis arrivée avec dix minutes de retard et la dame me dit tout poliment que le médecin ne pouvait pas nous recevoir, imaginez une nouvelle maman qui se réveille très tôt (pas assez tôt apparemment!), après une nuit mouvementée avec son enfant, qui apprête l'enfant, arrive pour qu'on lui dise ça! J'ai clairement appris la leçon!

La culture de l'individualisme est très poussée. Chacun s'occupe de ses affaires et il est rare de voir des inconnus vous approcher. En tout cas, ce n'est pas ici qu'un étranger viendra vous parler de votre style vestimentaire ou vous demander l'heure comme on aime bien le faire en Afrique! Le voisin ne s'emmènera jamais chez vous sans invitation! Paradoxalement, chacun se mêle de ses propres affaires, mais tout le monde se salue comme s'ils se connaissaient, surtout dans les États situés au sud du pays.

La différence entre visiter et vivre

Quand on est visiteur aux USA, on peut avoir l'impression d'être dans un film. Tout est beau, les centres commerciaux sont énormes et il y en a pour tous les prix! Les endroits de divertissements sont incomparables: il y a tellement de parcs d'attractions pour enfants, pour les grands, d'événements socio-culturels, de plages idylliques, de montagnes, de zoos, de musées pour n'en citer que ceux-là.

La beauté de ce pays réside dans la diversité de ses États, chacun offrant une expérience distincte qui fait de la visite des États-Unis une aventure sans fin. L'Amérique, c'est la modernité mêlée au charme historique. On y trouve des déserts, des forêts, enfin presque tout, il y a des endroits où il neige et d'autres non, des endroits remplis de cocotiers et de palmiers et d'autres endroits où se trouvent des cactus. Les maisons en bordure de lacs et de plages sont à couper le souffle. Les Américains aiment beaucoup voyager en voiture dans leur pays pour justement pouvoir profiter du beau paysage et de cette diversité entre les régions.

7

DES VILLES À VISITER

Quelques infos sur des villes particulières. Parlons de certaines villes qui méritent d'être mentionnées:

New York City: la ville qui ne dort jamais!

Design: Victoria Rusyn

Ville la plus peuplée des USA, New York City comprend plus de 8 millions d'habitants à elle seule avec une très forte densité de 28210 personnes par kilomètre carré selon usapopulation.org. Elle a trois principaux aéroports: John F. Kennedy (JFK), LaGuardia (LGA) et Newark (EWR)(Newark est techniquement à New Jersey mais est toujours considéré comme un aéroport de New York).

En plus des bus, elle possède l'un des plus grands systèmes de métro appelé subway dans le pays (mais pas le plus propre ou le plus beau pour être honnête). Communément appelée "The Big Apple" ou La Grosse Pomme, New York est l'un des poumons de l'économie américaine avec un PIB de 1,59 billion de dollars en 2022 selon Statista. Wall Street, le quartier financier situé à Manhattan est la plus importante bourse au monde. Manhattan qui est l'arrondissement de New York le plus peuplé, est l'épicentre financier, commercial et culturel de la ville avec ses gratte-ciels tels que l'Empire State Building; Broadway, l'une des rues les plus animées au monde et Central Park, un parc en plein centre-ville à visiter absolument, on s'y recueille pour récupérer du brouhaha de la ville. C'est l'une des rares villes où les klaxons retentissent comme en Afrique ou en Inde. Les automobilistes sont pressés et les piétons traversent les rues par centaines.

Times Square, New York / Source: Wallula - pixabay

Elle est la ville natale de l'ancien Président Trump, de plusieurs célébrités tels que Ralph Lauren, Calvin Klein, P. Diddy, Lady Gaga, Cardi B. et bien d'autres encore. Le maire actuel est démocrate et ancien officier de police; il se nomme Eric Adams. Je me rappelle encore la polémique tout récemment sur ce maire qui disait être végétarien mais plusieurs personnes dans la ville l'avaient bien vu manger du poisson!

Les universités de renom de la ville sont Columbia University et New York University (NYU).

La ville est réputée pour ses mets emblématiques tels que ses hot dogs, ses tranches de pizzas façon new-yorkaise (fine, large et généralement au pepperoni), ses pastramis au pain de seigle. En plus des streets foods, New York compte 65 restaurants étoilés Michelin selon le site officiel.

La météo par contre n'est pas câline en hiver, il fait très froid avec beaucoup de tempêtes de neige. Le coût des logements est aussi très élevé, la qualité de vie n'est pas la meilleure dans les débuts pour quelqu'un qui vient d'arriver comparé aux États plus au Sud par exemple. Cela fait que beaucoup de nouveaux immigrants vivant à New York City vivent dans le Bronx, quartier plutôt "chaud" de la ville.

Sur une note plus festive, New York City est la capitale du jazz, du hip-hop et de la mode. C'est une ville qui ne dort jamais, animée par l'esprit de débrouillardise où tout est possible. Alicia Keys le souligne dans sa chanson avec Jay-z sur New York appelée Empire State of Mind en disant: "Si tu peux réussir à New York City, tu peux réussir n'importe où!"

Le saviez-vous?
Peter Minuit a acheté l'île de Manhattan aux indigènes pour environ 24 dollars.
One World Trade Center est le plus haut bâtiment des États-Unis. Il mesure 1776 pieds de haut qui équivaut à l'année où l'Amérique aurait obtenu son indépendance.

Washington D.C: la ville des touristes!

Design: Victoria Rusyn

Capitale politique du pays, Washington D.C. est située dans la région du DMV dans le District de Columbia (D.C.). DMV signifie District of Columbia, Maryland et Virginie. Ce sont des États voisins qui sont si proches qu'on peut tous les traverser dans la même heure.

À vrai dire, Washington D.C. n'est pas un état en tant que

tel, mais plutôt un district ce qui permet à la capitale de rester autonome et de ne pas recevoir de pressions politiques.

Siège du gouvernement, DC est réputée pour la Maison Blanche, ses multiples monuments historiques, ses plus de 70 musées, aussi ses 175 ambassades internationales. Sa population est d'environ 705 000 personnes. Il y fait très froid avec beaucoup de tempêtes de neige pendant l'hiver, mais il fait quand même beau en été.

Les fruits de mer et les steaks sont les mets préférés des locaux. 43% de la population est noire et le maire actuel de la ville est Muriel Bowser, noire et démocrate. L'une de ses victoires a été d'avoir relevé le salaire horaire minimum à 16,10$ l'heure en 2022.

Les universités de renom sont: George Washington University, American University, Georgetown University et Howard University.

Beaucoup d'Africains vivent autour de la capitale et restent dans le Maryland, plus précisément dans le comté de Montgomery dans les villes Silver Spring, Rockville et bien d'autres. Washington D.C. est la ville de prédilection pour les touristes après New York City.

C'est quoi un comté?
C'est une circonscription administrative synonyme d'un arrondissement.

Le saviez-vous?
Le nom officiel est Washington, D.C. Le Washington vient de George Washington et le C (Columbia) vient de Christophe Colomb. Les résidents de D.C. doivent payer des impôts fédéraux, mais ils ne sont pas représentés au congrès.

Atlanta: la ville des affaires

Design: Victoria Rusyn

Atlanta est une ville multiculturelle avec environ 500 000 habitants et plus de 6 millions d'habitants dans sa périphérie. L'aéroport d'Atlanta accueille le plus grand nombre de passagers par année au monde: Hartsfield-Jackson Atlanta International Airport. Située au pied de la ligne de montagnes Appalaches, elle a beaucoup d'arbres et sa météo est plutôt docile.

Belle ville à visiter, elle a le plus grand aquarium au monde, aussi les sièges de grandes compagnies telles que Coca-cola et la chaîne de Télévision CNN, que je recommanderai de visiter. Atlanta est la capitale de l'État de Georgie qui est appelée Peach State, la pêche est le symbole de l'État. La tarte à la pêche est populaire à Atlanta et dans toute la Géorgie.

Elle est aussi la capitale de la Trap Music et du poulet frit.

Drôle de fait divers:
Une loi a été adoptée en 1961 à Gainesville près d'Atlanta: il
est illégal de manger du poulet frit à la fourchette!

Atlanta a arboré l'étendard du mouvement des droits civiques s'inspirant du natif Martin Luther King. ATL par son alias, est l'une des rares villes ici où la population dominante est la population Noire avec 47,2% et 39,8% de Blancs, les Hispaniques y sont représentés à 6% et les Asiatiques à 4,02%. Il faut noter que beaucoup de Noirs d'Atlanta font partie de la "Black Excellence."

Atlanta est un épicentre de l'enseignement supérieur aux

États-Unis. On y trouve plus de 15 universités toutes excellentes. Georgia Institute of Technology est l'une des plus renommées. Georgia State University est la plus vaste avec plus de 50 000 étudiants. C'est d'ailleurs l'école où je devais étudier de par son affiliation à l'université que je fréquentais dans mon pays natal; mais je suis finalement allée dans une petite université privée en Oklahoma avant de venir terminer mes études à l'Université de Texas à Dallas. Pour revenir sur le sujet, une autre université qui est aussi réputée est Emory University.

Le maire de la ville se nomme Andre Dickens, un démocrate noir.

La Black Excellence est le terme utilisé pour mettre en avant les succès des personnes noires. Récemment popularisé sous forme de hashtag sur les réseaux sociaux, ce terme représente une aspiration pour de nombreux jeunes noirs qui, par le passé, manquaient de modèles d'excellence. Avoir des médecins noirs ou des avocats noirs est désormais considéré comme la norme à laquelle les jeunes peuvent s'identifier. Je suis passionnée par le sujet de la Black Excellence car les personnes noires ont trop souvent été présentées comme une classe défavorisée. Reconnaître l'excellence et l'expertise dans divers domaines est un témoignage du potentiel des jeunes personnes noires, remettant en question l'idée selon laquelle le succès en tant que personne noire se limiterait à la musique ou au sport.

Dallas: la ville parfaite pour un jeune cadre dynamique!

Design: Victoria Rusyn

Dallas est une ville métropolitaine située dans le Texas au Sud des États-Unis. Son aéroport principal est Dallas Fort Worth Airport (DFW) qui est le 2ème aéroport qui accueille le plus grand nombre de passagers au monde. Dallas Fort Worth est une métropole comprenant plus de 200 petites villes et communes: Dallas, Richardson, Plano, Irving, Southlake, Carrollton, Lewisville, Frisco, Fort Worth, pour ne citer que celles-ci. Le maire de la ville s'appelle Eric Johnson, Avocat noir démocrate.

Dallas est l'une de mes villes préférées parce que c'est une grande ville développée mais qui garde son charme sudiste de petite ville. Mais c'est vrai que mon jugement peut être assez subjectif, parce que c'est ma ville d'adoption. Je trouve que c'est une ville parfaite pour un jeune cadre dynamique pour plusieurs raisons. Déjà l'offre d'emploi est élevée dans les secteurs financiers, du commerce, des technologies, des services, du marketing et de la restauration. Le temps est relativement beau tout au long de l'année, l'hiver n'est pas long, de décembre à février. Il neige en moyenne 1 à 2 jours seulement dans l'année. Les mois de haute chaleur sont juillet et août où l'on atteint facilement les 40 degrés Celsius certains jours pendant ces mois. À vrai dire, en été, je ne sors qu'après le coucher du soleil! Aussi, les grandes pluies de printemps sont souvent accompagnées de tornades. Il faut avouer que la météo joue quelques tours à Dallas parfois et le temps est imprévisible.

Un point positif est qu'on trouve à manger à chaque coin

de rue et cela fait partie de la routine texane de manger très souvent dehors. Les Texans sont réputés pour leur barbecue (ou appelé aussi BBQ); ils aiment bien fumer la viande, surtout le bœuf, à feu doux pendant des heures entre 6 heures et 24 heures de temps avec différents bois tel que le bois Mesquite, ou le bois Hickory, ou Applewood. Ces bois donnent different goûts à la viande. Les restaurants de BBQ les plus côtés peuvent faire attendre les clients arrêtés devant la porte pendant des heures avant d'être servis. Je suis allée dans un célèbre restaurant de barbecue à Fort Worth. Il ouvre de 11h à 15h (ou plus tôt si tout est vendu) uniquement du vendredi au dimanche. Les gens font la queue dès 6h du matin!

Le système routier est très bien développé; comparé même à d'autres villes aux USA, Dallas se démarque beaucoup par ses nombreuses autoroutes et son système d'échangeur très complexe! Les trajets sont plutôt longs dans la ville de Dallas et sa périphérie, mais la conduite est facile vu la qualité des routes. Je ne m'abstiens pas non plus de mentionner que les automobilistes sont très pressés et conduisent très vite. Croyez-moi, moi qui viens d'Abidjan, si j'en parle c'est parce que c'est une identité remarquable!

Dallas est aussi la ville où le président Kennedy fut assassiné en 1963, mais aussi la ville du fameux téléfilm "Dallas"; deux endroits ouverts aux touristes pour visiter. Malgré tout, Dallas et ses environs offrent un environnement propice à la stabilité. Comparée au Nord, la vie au Sud est moins chère, les maisons sont super grandes et les prix relativement abordables.

Les Top Universités sont: la prestigieuse SMU (Southern Methodist University) située en plein centre de Dallas. L'ex Première Dame Laura Bush et aussi Kourtney Kardashian étaient étudiantes à SMU. UTD (University of Texas at Dallas) est située plus au Nord; c'est une excellente école réputée pour sa faculté de Management nommée après l'ancien élève, le milliardaire Naveen Jindal *(après avoir fait un gros don bien sûr!)*. UTD est l'école où j'ai terminé mes études, alors je me permets de partager mon expérience. C'est une école d'excellence vraiment, la plupart des cours sont à petits effectifs, il est donc facile de pouvoir communiquer avec le professeur et avoir un suivi particulier. Par contre, je n'ai pas pu profiter de la vie estudiantine car je n'habitais pas sur le campus. En tout cas, ce n'est pas l'école axée sur la vie sociale. Sans le dire de manière dénigrante, la plupart des étudiants sont plutôt "intello"! L'intégration n'était pas évidente!

D'autres écoles de la ville sont UNT (University of North Texas) et UTA (University of Texas at Arlington) qui sont toutes deux beaucoup plus éloignées de la ville mais qui offrent une expérience un peu plus complète de l'Université à mon avis, c'est-à-dire étude et networking.

Le saviez-vous?

Le nom Texas vient du mot 'tejas' qui signifie 'amis' ou 'alliés'.
Le Texas a été membre de six nations différentes, à savoir l'Espagne,
le Mexique, la France, la République du Texas, les États confédérés
et les États-Unis.

Houston: La ville natale de Queen B!

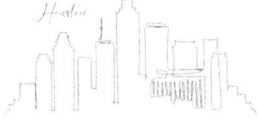

Design: Victoria Rusyn

Houston est la ville la plus peuplée du Texas. Elle est située tout au Sud du pays en pleine côte. D'ailleurs, son port maritime accueille plus de 3,5 millions de conteneurs par an. Houston est la ville la plus vaste du pays et la blague est que Houston est située à une heure de Houston! Nommée après Sam Houston qui fut le président au temps où l'État du Texas était un pays, la ville a beaucoup de parcs et la température est modérée, humide et avec beaucoup de pluies diluviennes. Je me rappelle encore de l'ouragan Harvey en 2017 qui avait délogé plus de 39000 habitants et le tiers de la ville était inondé et certaines zones étaient submergées à plus d'un mètre de hauteur.

Juste à côté de la ville se trouve une plage du nom de Galveston où les locaux peuvent aller surfer, se relaxer (ce n'est pas non plus la plus belle plage du pays mais bon!).

La ville est d'une grande mixité; la communauté internationale s'agrandit très rapidement et représente à peu près 21% de la population. Ville phare de l'aéronautique, elle abrite la NASA. Elle est aussi mondialement reconnue pour l'énergie (pétrole et gaz naturel) et pour les recherches biomédicales. Houston apparut dans la liste de Forbes comme une des meilleures villes à vivre après la fac, mais aussi dans la liste Forbes des meilleures villes pour acheter une maison.

Les top universités sont: University of Houston, Rice University and University of St Thomas. À vrai dire, je ne suis pas la plus grande fan de la ville, elle me donne des airs vieillis et le planning urbain et le zonage laissent à désirer.

Les Texans ont une identité et une culture particulière qu'ils exposent avec fierté. TOUT EST GRAND AU TEXAS est leur slogan. Les routes, la superficie de l'État, la nourriture, les voitures. Ils adorent les 4x4 pour les femmes et les pick up pour les hommes.

La dernière fois, je roulais et j'ai vu un texan qui a mis sur son pick up "Don't CA with my TX" qui veut dire ne transforme pas mon Texas en Californie! Les Californiens déménagent en masse au Texas et commencent à vouloir changer la culture, ce que les Texans ne souhaitent pas. Les Texans tiennent à trois choses précieuses: leur droit de posséder des armes à feu (qu'ils ne veulent pas voir retiré), leur position conservatrice concernant le mariage, et leur opposition à l'avortement.

Los Angeles: la ville des stars!

Design: Juliars

Située en Californie dans l'Ouest du pays, Los Angeles est la 2ème ville la plus peuplée du pays avec plus de 4 millions d'habitants. Population qui d'ailleurs est à majorité hispanique vu ses héritages. Située en bordure de mer, ses plages sont idylliques: Malibu est ma préférée pour sa tranquillité, ensuite Santa Monica pour ses commodités puis Venice pour son ambiance jeune et hip. La réalité de la ville est tout de même un peu embellie, elle paraît un petit peu vieillie. Beverly Hills par contre a le même charme que l'on voit dans les films avec ses grandes et belles maisons. Le Sunset Boulevard est à découvrir ainsi que l'autoroute qui traverse la côte Pacifique de San Diego à San Francisco en passant par Los Angeles: La California 1. Elle est l'une des routes les plus populaires de tout le pays, elle offre une vue magnifique des montagnes et des plages, imaginez-vous rouler tout doucement à fenêtre ouverte en profitant d'un beau coucher de soleil!

Autoroute California 1 / Source: Markue - Getty Images

En plus d'y trouver beaucoup de célèbres acteurs d'Hollywood, on y trouve de très bonnes universités telles que: UCLA University of California, Los Angeles, California State University of Los Angeles. Après New York, je dirai que Los Angeles dit La Cité des Anges est l'épitomé de la carte postale américaine et c'est une ville à visiter absolument!

Mais en enlevant son blason doré, on remarque un taux élevé de sans-abris. Skid Row abrite plus de 4200 sans abris qui sont entassés dans ce quartier. Les images sont choquantes, les rats, les poubelles, les personnes détruites par la drogue, c'est vraiment très triste à voir. Skid Row est un quartier dans L.A. situé à quelques minutes de la Walk of Fame où l'on trouve les étoiles des stars sur Hollywood Boulevard.

Hollywood Boulevard me fait beaucoup penser à la Rue 12 à Treichville, Abidjan! #justsaying

Vous pouvez trouver la promenade des artistes d'Hollywood dit "Walk of Fame" sur Hollywood boulevard. Il est pavé d'étoiles roses et dorées en l'honneur des pionniers du cinéma, de la radio, de la musique, de la télévision et du divertissement sportif. Nous avons 2751 étoiles, dont celles de Michael Jackson, Mariah Carey, Tom Cruise, Cameron Diaz et Bruce Lee. Les frais sont de 55.000$ pour la création, l'installation et l'entretien de l'étoile à la charge de la célébrité.

Walk of fame / Source: g01xm - Getty Images Signature

Le saviez-vous?

Plus de la moitié de tous les légumes, noix et fruits du pays sont cultivés dans l'État de Californie.

San Francisco: la ville sur les collines!

Design: Victoria Rusyn

San Francisco est une très belle ville qui offre un paysage à couper le souffle. Elle est une aubaine pour tout amoureux de technologie. Très riche et beaucoup "High Tech", elle est la maison de plusieurs compagnies qui s'y créent (appelées startups) et d'autres qui sont déjà établies telles que Apple, Google, Facebook et Twitter. Les touristes s'y rendent pour voir le Golden Bridge, "le pont doré", mais il est plutôt orange, tirant sur du rouge.

Golden Bridge / Source: bluejayphoto - Getty Images

La rue Lombard et la fameuse île d'Alcatraz avec sa fameuse prison sont à visiter. La population blanche est à

41,3% tandis que les asiatiques 33,9%, 15% d'hispaniques et 5,3% de noirs. Le maire de la ville est London Breed, politicienne noire démocrate qui a bien souvent été mêlée à des présumées histoires de corruption, mais elle a toujours obtenu gain de cause.

San Francisco est une ville non discriminatoire et embrasse la culture LGBTQ+ à bras ouvert. En revanche, le problème dominant de la ville est celui des sans-abris dû à la cherté des logements (un appart à Dallas de 2 chambres qui coûterait autour de 1.500$ à 2.000$ serait au moins à 4.000$ à San Francisco). À San Francisco, on trouve plus de 8000 sans-abris. Ces dernières années, la ville a mis les bouchées doubles pour anéantir ce fléau, nous croisons les doigts pour qu'une solution permanente soit trouvée dans les meilleurs délais. Malgré tout, SF reste une ville à voir avec un beau climat et ses Tramways à traction par câble.

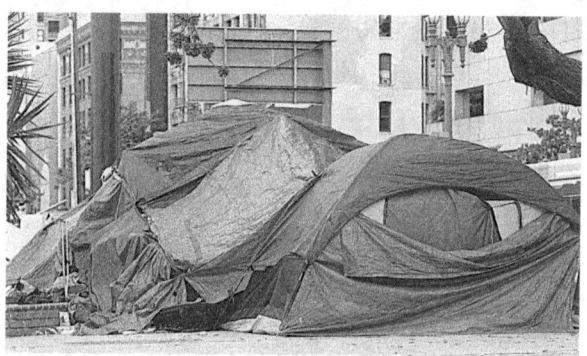
Tentes de sans-abris / Source: MattGush - Getty Images

Les Top universités sont: l'Université de Californie, San Francisco qui abrite l'un des meilleurs programmes dans le domaine de la santé; San Francisco University, Golden Gate University réputée dans tout le pays pour son académie d'art.

Le saviez-vous?
Vous pouvez conduire à travers un séquoia géant dans le Kings Canyon de Californie. Le feriez-vous, conduire à travers un arbre?

Miami: vacances à la plage!

Design: OneyWhyStudio

Miami est la ville idéale pour passer de belles vacances à la plage! Le temps tout au long de l'année est presque toujours idéal. Le long du littoral est jonché de beaux arbres tropicaux, des cocotiers, des palmiers, mais aussi des bestioles tropicales (eh oui, la première fois que j'ai vu un margouillat aux States c'était là-bas!).

Miami nous offre un cadre de détente pas possible, le sable est blanc et très fin, l'eau très bleue, les bateaux et yachts sont très grands, les habitants très chaleureux, la bouffe très bonne et les boissons très fraiches! Les meilleurs cocktails de la ville selon Timeout: le painkiller à Monty's, le purple rain à Swan ou la piña colada à Sweet Liberty.

23

Le littoral de Miami / Source: Gagliardi Photography

On y trouve de beaux quartiers sur de petites îles en plein milieu de la ville. Fisher Island en est une. La ville est aussi connue pour ses attractions nocturnes, des bars et nightclubs géants, si le code vestimentaire n'est pas respecté, on peut se retrouver bloqué à l'entrée.

Les endroits pour garer les voitures dans les lieux d'attractions, restaurants ou plages sont rares et donc, les prix de parking sont chers. Un séjour à Miami est très coûteux. Il faut donc prendre en compte le budget en visitant la ville. Maintenant, pour mes vacances en Floride, je préfère aller dans des petites villes où les plages sont aussi belles et les prix sont plus abordables.

Comme le veut la tradition, les étudiants universitaires de tout le pays se dirigent vers Miami pendant les vacances de printemps. Les vacances de printemps (spring break) durent généralement une semaine et ont lieu un peu avant ou pendant Pâques (les jours exacts dépendent de l'école). Principalement en mars, les étudiants apprécient cette période car l'hiver se termine et il commence à faire chaud. Par conséquent, Miami devient une destination idéale.

Le maire de la ville est l'avocat Républicain Francis

Suarez, de descendants cubains. Des décennies plus tôt, vu que la Floride est l'État le plus proche des Caraïbes, Miami était le refuge de beaucoup de cubains immigrés ainsi que les autres habitants des Caraïbes, alors on y trouve un beau mélange culturel. Il y a même un quartier populaire appelé Little Havana (petite Havane, Havane qui est la capitale du Cuba). À Little Havana, se trouve de la bonne nourriture cubaine, des salons où l'on fabrique le cigare, endroit ouvert aux touristes pour apprécier ce travail artisanal. On y trouve aussi des personnes âgées en train de jouer au domino les après-midis (interdit aux moins de 50 ans! Eh oui, je me rappelle que nous avions été interdits et ils nous ont fait comprendre qu'ici c'était exclusivement pour les personnes du 3ème âge).

Le saviez-vous?

Walt Disney World à Orlando (à 3 heures de route de Miami), en Floride, est la première destination touristique au monde.
Vous pouvez voir le lancement de la navette spatiale depuis le Kennedy Space Center à Cap Canaveral, en Floride.

Mankato: la neige et les études

L'État du Minnesota / Design: Yuliia
Madich

Mankato est une petite ville située dans le Nord-Ouest du pays dans l'État du Minnesota appelé terre des 10000 lacs. Située tout juste à côté du Canada, Mankato est une ville estudiantine qui offre un cadre vraiment propice aux études et pas grand-chose d'autre à part le ski et les randonnées qui offrent de très beaux sentiers dans de très beaux parcs. Pour plus d'activités Minneapolis, la grande ville d'à côté est à peu près une heure et demie en voiture. L'hiver dure presque 6 mois et la vie coûte relativement moins cher; beaucoup d'élèves internationaux y viennent étudier pour cet aspect. L'Université populaire à Mankato est Minnesota State University at Mankato qui existe depuis plus de 150 ans et compte à son actif plus de 17000 élèves. Le maire de la ville est une Américaine d'origine Libanaise Najwa Massad. Il est important de mentionner que Mankato n'a pas d'aéroport international, il faut partir jusqu'à Minneapolis pour un voyage en dehors du pays.

Le saviez-vous?
Le Mall of America à Minneapolis est l'un des plus grands centres commerciaux du monde. Il couvre la même surface que 78 terrains de football!
L'Université du Minnesota a accueilli la première opération à cœur ouvert réalisée aux États-Unis.

Chicago: la belle

Design: Victoria Rusyn

Chicago, ou Chi-town, est la troisième plus grande ville des États-Unis. Élue deuxième plus belle ville au monde selon Time Out, l'architecture de son Centre-Ville est à couper le souffle. 58 millions de touristes l'ont visité en 2018. Bordée par le Lake Michigan, Chicago est aussi populaire pour sa gastronomie et son importance sur la scène musicale urbaine contemporaine. Le met populaire est la pizza à la façon Chicago, sa croûte est très épaisse et est appelée la deep dish. Les Hot Dogs (revisités) sont aussi bien aimés par la population. Chicago a été l'un des précurseurs du Blues moderne et aussi un des piliers du Jazz.

C'EST QUOI LE BLUES?

C'EST UN GENRE MUSICAL CRÉÉ PENDANT L'ESCLAVAGE PAR LES NOIRS, INSPIRÉ DES RYTHMES AFRICAINS ET AMÉRINDIENS. LES PERSONNES ASSERVIES CHANTAIENT LE BLUES DANS LES PLANTATIONS, UTILISANT CETTE MUSIQUE POUR ÉLEVER LEUR MORAL. CARACTÉRISÉ PAR SES PAROLES EXPRESSIVES ET SA STRUCTURE MUSICALE UNIQUE, LE BLUES A EU UNE INFLUENCE PROFONDE SUR DIVERS GENRES MUSICAUX ET RESTE UN PHÉNOMÈNE CULTUREL ET MUSICAL MAJEUR.

Vu sa localisation dans le grand nord du pays, pas loin du Canada, la période d'hiver à Chicago est plutôt longue mais la ville est accommodée en conséquence pour que les activités économiques continuent malgré les grandes neiges qu'il y a souvent. Elle est appelée windy city qui veut dire ville du vent mais n'est pourtant pas la ville où il y a le plus de vent!

Le Cloud Gate, Chicago / Source: Chait Goli - Pexels

Abritant le siège de plusieurs grandes entreprises américaines telles que le géant McDonald's, Chase et Boeing, Chicago est l'un des poumons de l'économie du pays, avec un PIB de 822 milliards de dollars en 2022 selon World Business Chicago.

Que ce soit faire une bonne marche sur le Lakeshore Trail ou visiter le musée présidentiel Obama, Chicago a beaucoup de loisirs et de divertissements à offrir à un touriste.

Il est vrai que la ville a aussi une mauvaise réputation en termes de crimes, ce qui fait que beaucoup de résidents se plaignent auprès de la Maire Lori Lightfoot. Chicago est 100 fois plus dangereux que Tokyo (Japon) et la plupart des crimes sont du côté Ouest et le Sud de la ville dans les zones défavorisées.

Les universités de renom sont: The University of Chicago, Loyola University Chicago et University Illinois Chicago.

Le saviez-vous?
Walt Disney est né dans l'Illinois!
Pendant la fête de la Saint Patrick, la rivière de Chicago est colorée en vert!

Oklahoma City: la campagne typique américaine!

L'État d'Oklahoma / Design: Yuliia
Madich

Oklahoma City n'est certainement pas la première ville qu'on mentionne lorsqu'on fait une liste des villes tops, mais j'ai une attache particulière pour l'État d'Oklahoma parce que j'y ai vécu pendant six mois! Oklahoma City est donc la capitale d'Oklahoma et est située en plein centre des États-Unis. Elle est connue pour ses tornades pendant le printemps et pour sa forte communauté d'Amérindiens. Je me rappelle que la première fois que je les ai vus, j'ai tout de suite pensé à Pocahontas! *(j'espère que ce n'est pas offensant de le dire)*. Ils ont de si long et beaux cheveux et sont très courtois de par mon expérience. La ville est plutôt vaste, le temps est doux, les universités sont moins chères. C'est vrai qu'il n'y a pas trop d'activités là-bas, mais cela est favorable aux études. Les universités principales sont Oklahoma City University, University of Oklahoma, University of Central Oklahoma. Un peu plus loin de la ville, nous avons une petite charmante ville appelée Shawnee, et là se trouvent deux universités chrétiennes du nom de Oklahoma Baptist University et St Gregory's University (mon ancienne école). Je me rappelle que ces deux écoles étaient rivales en sport et même en termes de records académiques. Pour illustrer à quel point Shawnee était petite comme ville, si je vous dis qu'il n'y avait seulement que deux taxis pour toute la ville quand j'y étais en 2011, vous ne me croirez pas!

29

Au-delà des études, Oklahoma offre un très beau paysage et est aussi réputé pour ses très belles cabines en forêt pour une expérience très revigorante. Le Basketball et le Football Américain sont les sports les plus suivis mais aussi le football européen féminin dit soccer.

Le saviez-vous?

Oklahoma signifie "Homme Rouge" in Choctaw, tribu amérindienne.
Le parcmètre a été inventé à Oklahoma!

Las Vegas: un paysage époustouflant

Design: Victoria Rusyn

Las Vegas est une ville située dans l'Ouest, dans le côté désertique du pays, dans l'État du Nevada. Elle est un joyau touristique grâce à ses nombreux casinos, ses attractions festives et son architecture hors norme. Et en plus, Las Vegas offre une vue panoramique de montagnes qui donne l'effet d'être dans une carte postale! Beaucoup d'entrepreneurs y vivent et sont dans les domaines de la restauration, du tourisme, du divertissement, des jeux et des services.

Il fait très chaud en été et Las Vegas est dans l'État le plus sec du pays, il ne pleut vraiment pas beaucoup! En effet, la ville traverse une crise de sécheresse depuis plus de 20 ans. Pour y remédier les autorités locales font des sensibilisations auprès des habitants pour éviter le gaspillage.

Las Vegas est aussi connue pour ses mariages rapides. Dans la plupart des États, comme dans le Texas par exemple, pour pouvoir se marier, l'on soumet une demande auprès de la cour de justice et doit attendre trois jours avant d'être autorisé à faire la cérémonie officielle. Et cela est fait pour donner le temps de bien réfléchir avant de se lancer dans cette démarche supposée être à vie! Mais à Vegas, cette procédure de trois jours n'existe pas, le jour décidé, après avoir récupéré la licence, l'on peut se marier immédiatement dans l'une de ses chapelles façon hollywoodienne et le témoin peut même être fourni! Dans une des chapelles, l'officiant est habillé en Elvis Presley! Une autre chapelle se trouve au beau milieu du désert pour une expérience magnifique en pleine nature!

Les buffets dans les hôtels de Vegas sont très appréciés, et sont à tous les prix. On y trouve aussi près de 10 restaurants étoilés Michelin.

La rue principale où se trouvent les attractions est appelée le Strip et est située sur Las Vegas Boulevard. On y trouve un peu de tout et même les reproductions de la tour Eiffel devant l'hôtel Paris; du grand Sphinx de Gizeh à côté du Luxor hotel qui est en forme d'une pyramide; la statue de la Liberté à côté de l'hôtel New York-New York.

Une journée touristique à Vegas a plusieurs options toutes à tester, je dirai: un bon petit déjeuner ou un brunch à Bardot ou à The Egg & I; ensuite une belle balade sur le strip en roulant un Slingshot ou une voiture exotique, une randonnée en montagne, ou aussi une balade dans les gondoles du Venetian Hotel. Pour les plus jeunes, une fête dans l'une des piscines mythiques de la ville avec des Dj de renommée mondiale. Il y a une activité pour tout le monde!

Las Vegas n'est pas connue pour ses universités donc je m'abstiendrai de les citer.

Le saviez-vous?

Créée par les religieux Mormons, Las Vegas a paradoxalement un passé célèbre due à l'envahissement des gangsters et du cartel.

Il existe plus de 60 grands casinos à Las Vegas.

Le Strip / Source: f11photo - Getty Images Pro

BON À SAVOIR

Les Intempéries

Les États-Unis sont situés dans une zone qui est frappée par plusieurs types d'intempéries. Dans le Nord, des tempêtes de neige paralysent les déplacements routiers pendant l'hiver (New York, Maryland). Au Sud-Est, les tempêtes de pluies et ouragans engouffrent les rues et inondent les habitations en automne (la Floride). Au Centre (Texas, Oklahoma) des tornades qui ravagent tout sur leur passage entre Avril et Juin, mais surtout en Mai. À l'Ouest, des feux de forêts en été qui sont autant dévastateurs que les autres intempéries (Californie).

Il est donc important de prévoir ses vacances en fonction de la saison pour s'assurer de bien en profiter.

Voyager en voiture ou en avion?

J'ai eu la chance de visiter la majorité des villes mentionnées plus tôt, parce que comme je le disais plus haut, les Américains aiment voyager en voiture. Mon expérience en voyageant en voiture est positive, les routes américaines sont faciles à emprunter et sans danger majeur. La nuit est paisible mais on pourrait s'endormir si l'on n'a pas de compagnie ou de café! Moi je préfère conduire en journée pour admirer le paysage qui est si varié, quoiqu'en avion, la distance est moins longue, généralement environ 2 à 4 heures entre États. Alors qu'en voiture, on peut aller jusqu'à 30 heures de route; et quand on le fait, c'est qu'on a de longues vacances et on peut se permettre des pauses dans des villes et profiter pour explorer et découvrir.

Malheureusement, le système de TGV (train à grande

vitesse) n'existe pas vraiment aux states. Je pense que ça aurait pu être l'idéal pour visiter tous les États.

Le saviez-vous?

On peut rouler plus de 10 heures de temps juste dans le Texas, tellement que c'est grand!

Les Achats Hors Taxes

Je me rappelle encore comme si c'était hier, ma première visite dans un magasin de vêtements jeunes, il y a une bonne dizaine d'années. Je ne savais pas que le prix indiqué sur les marchandises était hors taxes et je me suis retrouvée à la caisse 50$ en poches me disant pouvoir m'offrir deux robes à 24,99$ chacune! La honte! J'étais obligée de compter toute la petite monnaie que j'avais pour atteindre le montant total parce qu'en aucun cas je n'aurai laissé une de mes robes! Imaginez le visage des personnes qui m'attendaient dans la ligne! En faisant ses emplettes, il est donc important de ne pas oublier d'ajouter la taxe dont le taux varie en fonction des États: Californie: 7.25%; New York: 4%; Floride: 6%; Texas: 6.25%. Le montant affiché est toujours hors taxe.

Ces taux mentionnés sont les taxes de l'État à l'achat appelées "State Sales Tax". En plus des taxes d'État, certaines villes ajoutent des taxes de villes comme New York City par exemple qui en plus des 4%, ajoute 4.5% et 0.375% pour un total de 8.875%.

Les magasins de spiritueux

Saviez-vous que la liqueur était interdite à la vente les dimanches dans 14 États? Ces États sont: Texas, Montana, Utah, Oklahoma, Minnesota, Indiana, Mississippi, Alabama, Georgia, North Carolina, South Carolina, Tennessee, West Virginia, Connecticut. Cette loi était mise en place par des religieux (les Puritains) pour s'assurer que les gens partent à l'Église, prient et lisent leur Bible le dimanche. Il y a même des petites villes qui n'ont toujours pas accepté des boutiques de ventes de liqueur. En 2013, la ville de Plano (Texas) a récemment ouvert le premier magasin de spiritueux, après que les résidents de la ville aient signé une pétition. Les horaires des magasins sont différents d'un État à un autre mais au Texas pour la liqueur ils sont ouverts tous les jours de 10h à 21h sauf les dimanches. La bière et le vin sont différents, ils se vendent dans les supermarchés, les stations d'essence et même dans les pharmacies et tous les jours, du matin mais jusqu'à une certaine heure, entre 22h et minuit en fonction de la ville et du jour de la semaine.

Les pourboires

Les pourboires, tout comme les taxes, ne sont pas inclus dans les factures. Alors, il faut prévoir en moyenne 15 à 20% de la facture totale en plus, et cela, en fonction de la qualité de service. Je me rappelle que mon père trouvait les pourboires super élevés ici, mais cela est le cas parce que les serveurs par exemple sont payés à un taux assez bas (beaucoup moins de 4$ l'heure par endroits). Le fait qu'ils reçoivent des pourboires est bénéfique pour l'établissement car cela les motive à fournir un service client de haute qualité afin de recevoir de bons pourboires en retour. Bien que ce ne soit pas obligatoire, c'est considéré comme une obligation morale. Cela s'applique non seulement aux serveurs dans les restaurants, mais aussi aux barmans et aux serveurs dans les clubs.

Des endroits en dehors des États-Unis qu'on peut visiter avec les visas américains

Il est important de spécifier que l'entrée dans un pays n'est pas garantie par le visa, cette entrée est déterminée par l'officier de douane à l'arrivée.

Le visa touriste américain (Visa B) vous permet aussi de visiter d'autres territoires tels que Puerto Rico qui est un territoire américain situé dans les caraïbes. Pareil pour Hawaï, le Mexique et le Canada.

Plus d'infos sur le site officiel de la douane.

Site officiel de la douane

Avec les visas étudiants F1, J1, H1B, voici la liste de pays qu'on pourrait visiter:

Belize, la Georgie, le Qatar, la Turquie, la République Dominicaine, l'Île de Turcs and Caicos, le Bermuda, le Panama. Alors, ne restez pas dans un seul endroit en visitant les États-Unis, explorez un peu partout et vous aurez de très belles expériences!

• • •

On retiendra ceci: que vous soyez là pour affaires ou pour les loisirs, les États-Unis auront toujours quelque chose à offrir. Visiter ce pays devrait figurer sur votre liste de choses à faire; de Colorado à la Louisiane, vous vivrez des expériences différentes d'un État à l'autre. Mais une chose est sûre, vous ne vous ennuierez jamais!

N'hésitez pas à partager votre expérience, vos attentes avec moi lors de votre 1er voyage aux States sur les réseaux sociaux. #restonsconnectés

CHAPITRE 2
LE SYSTÈME SCOLAIRE DÉMYSTIFIÉ

DE LA MATERNELLE AU SECONDAIRE

Lorsqu'on parle des études aux États-Unis, nous pensons immédiatement à l'enseignement supérieur. J'ai donc jugé nécessaire de commencer par la base pour comprendre le système de fond en comble. Le système éducatif est très particulier et dans mes recherches, j'ai trouvé un blog fantastique de Lorene Hourcade qui nous détaille comment il fonctionne de la maternelle au lycée. À la maternelle déjà, le système scolaire est focalisé sur l'individu, et le leitmotiv est d'encourager toujours l'élève même avec de petits progrès. Chaque enfant progresse à son rythme. Ces dernières années, les écoles maternelles qui utilisent **la méthode Montessori** se sont multipliées (plus de 5000 écoles aux USA), j'en vois au moins 3 dans le même secteur dans mon quartier. L'éducation Montessori commence à se faire adopter dans les pays en voie de développement également. Cette méthode aide l'enfant à se développer de manière indépendante, elle met l'accent sur l'environnement préparé, où les enfants peuvent choisir librement leurs activités et manipuler du matériel spécialement conçu pour favoriser leur développement. Selon le site guide-montessori.fr:

> **«la méthode Montessori est une pédagogie éducative qui repose sur l'idée selon laquelle l'enfant est libre de choisir ses activités. L'apprentissage se fait par l'expérimentation et l'autonomie [...] elle est basée sur la confiance en soi et l'apprentissage en douceur.»**

Bill Gates, Mark Zuckerberg, Jeff Bezos, Beyonce, P.Diddy, Prince William, Prince Harry, George Clooney et Jacky Kennedy ont tous fréquenté des écoles Montessori dans leur enfance.

Au système public, l'école est complètement gratuite à l'enseignement primaire et secondaire, les élèves vont obligatoirement dans les écoles qui sont localisées dans leurs quartiers respectifs. Pour inscrire son enfant à l'école publique il faut fournir un bilan de santé montrant que tous les vaccins sont à jour, une pièce d'identité de l'élève qui peut être un extrait de naissance ou un passeport, et un document prouvant que l'inscrit vit dans le quartier où l'école est située. Si l'enfant ne parle pas l'anglais, l'école se chargera de lui fournir un suivi adéquat pour sa mise à niveau.

Les écoles privées par contre sont ouvertes à tout le monde et pas besoin d'habiter dans un quartier spécifique à condition de pouvoir payer, certaines écoles peuvent coûter plus de 50.000 dollars l'année.

Pour intégrer les écoles privées, il ne suffit pas seulement de pouvoir se le permettre financièrement. L'application d'admission est faite pour toute la famille: que font les parents, quelles sont leurs références pour pouvoir juger le profil familial, et aussi quelles sont les activités extra-scolaires que l'enfant fait déjà. L'admission est donc au cas par cas et la compétition est rude!

Les enfants "doués" et "surdoués" peuvent être admis dans des écoles publiques ou privées spécialisées. Pour y arriver, l'enfant passe des tests d'aptitude et le tour est joué.

Chaque école est comme une communauté, pas que pour les élèves, mais pour les parents qui y sont beaucoup impliqués: volontariat pour lire dans des classes *(eh oui!)*, associations professeur-parent (PTA), réunions, surveillants des sorties scolaires, levée de fonds et pour ne citer que ceux-là!

Dans tout établissement scolaire et pas qu'au primaire ni au secondaire, une mascotte représente l'école, cela donne un sens de fierté, d'appartenance et d'intégration aux élèves, aux parents et aux membres de l'administration. Vous verrez des parents ayant des stickers, des tasses et t-shirts du logo ou de la mascotte de leur école ou celles de leurs enfants, et cela est pareil pour l'université.

Une mascotte d'école / Source: Monkey Business Images

Au primaire, les classes sont appelées grade comme niveau. Voir le tableau ci-dessous pour référence. À partir du collège déjà, le suivi est encore plus personnalisé; l'enfant choisit ses cours dans des listes pré-requises en sciences, littérature, langues, sport, musique, art et bien d'autres.

À la fin du lycée (Terminale ou 12ème niveau), on reçoit un diplôme de fin de cycle comparé au système français où l'on passe un examen (le fameux bac!).

FRANCE		Âge	ÉTATS-UNIS	
Maternelle	Petite section	3-4	Nursery	Preschool
	Moyenne section	4-5	Pre-K	
	Grande section	5-6	Kindergarten	
Primaire	CP	6-7	1st grade	Primary / Elementary
	CE1	7-8	2nd grade	
	CE2	8-9	3rd grade	
	CM1	9-10	4th grade	
	CM2	10-11	5th grade	
Collège	6ème	11-12	6th grade	Middle School
	5ème	12-13	7th grade	
	4ème	13-14	8th grade	
	3ème	14-15	9th grade (freshman)	
Lycée	2nde	15-16	10th grade (Sophomore)	High school
	1ère	16-17	11th grade (Junior)	
	Terminale	17-18	12th grade (Senior)	
Université, École...			University, College...	

Source: devenirbilingue.com

L'equivalence des niveaux entre le système français et américain

La plus grande différence est que le lycée (le second cycle) commence en 3ème aux États-Unis et pas en Seconde.

Mais notons que pour tout élève se trouvant ici et qui n'a pas pu finir les études ni obtenir le diplôme de fin de cycle, il y a la possibilité de passer en lieu et place un examen standardisé appelé le GED qui veut dire "**G**eneral **E**ducational **D**evelopment" qui signifie Diplôme d'équivalence d'études secondaires qui dure un peu moins de 4 heures de temps. Plus d'infos seront données sur le GED dans la prochaine section.

LE GED

Le GED qui signifie diplôme de développement éducatif général est un examen qui se tient en remplacement du diplôme de fin d'études du lycée. Toute personne n'ayant pas fini ses études au lycée peut passer ce test en équivalence.

Les diplômes d'autres pays ne sont pas tous reconnus par les universités américaines, en passant le GED l'élève est assuré de ne pas reprendre certaines matières et de commencer les cours universitaires. Mais à vrai dire, cet examen est plus pour ceux qui n'auront pas fini le secondaire. Par exemple, une Française voulant étudier ici, si elle n'a pas obtenu son Bac, elle n'a pas à reprendre l'année de Terminale, elle peut plutôt passer le GED. Si elle obtient les points requis, elle peut candidater pour suivre les cours d'université. *Processus additionnel lorsque l'anglais n'est pas la langue principale de l'enfant où il faudra soit passer l'examen du TOEFL (qui veut dire test d'anglais comme langue étrangère) ou prendre des cours d'anglais après l'admission.

Les matières prises au GED sont: Raisonnement mathématique, raisonnement par les arts du langage (reading et writing), les études sociales et les sciences. L'anglais n'est pas la seule langue dans laquelle on peut passer l'examen. En fonction de l'État, on peut passer le GED en Anglais, en Espagnol ou en Français. Les examens peuvent se faire dans un centre agréé ou en ligne (ce qui est généralement un peu plus cher), et aussi en dehors des États-Unis. Le coût des examens varie en fonction de l'État; au Texas, il coûte 145$ pour toutes les matières, 120$ au Nebraska, 140$ en Californie et il est gratuit à New York.

CHARTER SCHOOLS ou ÉCOLES À CHARTE

Le système Charter est un type de système scolaire qui est financé par le gouvernement mais dirigé par des entités privées et bien souvent créé par des enseignants. Aux USA, il existe plus 6500 charter schools où 2,5 millions d'élèves y vont. Cette alternative entre le système privé et le public est beaucoup prisée en zone urbaine. Les élèves sont sélectionnés par tirage au sort lorsque les places sont limitées. Ce système est différent des écoles publiques dans le sens où les entités qui dirigent ces écoles ont le droit de formater le programme scolaire à leur manière. Ils ont le droit d'ajouter de nouvelles matières, de changer de méthodologie, et aussi de mettre l'accent sur la diversité ou d'embrasser leur culture par exemple. Beaucoup de célébrités soutiennent ce nouveau genre d'école parce que l'éducation d'un enfant ne devrait pas être linéaire et devrait s'adapter non seulement à l'élève, mais aussi aux nouvelles valeurs que chaque parent souhaite inculquer à ses enfants.

Les enfants noirs ont fréquemment été marginalisés dans les écoles traditionnelles, mais de nombreuses écoles charter les mettent en avant en leur enseignant leur histoire, leurs héros et leurs modèles, tout en cultivant également l'amour de soi. De nombreuses études démontrent que dès leur plus jeune âge, les enfants noirs expriment souvent un complexe lié à la couleur de leur peau. Julia Chabrier nous explique dans poverty action lab:

«Les Charter Schools en zone urbaines ont un impact particulièrement positif sur les élèves les moins privilégiés, notamment les Afro-Américains et les Hispano-Américains, ceux dont les résultats de départ étaient les plus faibles, ceux qui reçoivent des aides pour payer la cantine scolaire et ceux qui apprennent l'anglais.»

Triste note: les shootings en milieu scolaire

J'hésitais à mentionner dans le livre tant cela est triste, mais c'est une réalité et en parler sans langue de bois était important pour couvrir tous les aspects des States en réalité. Pour l'année 2021, un record sans précédent enregistre plus de 236 shootings liés aux armes à feu. Cette crise sociale est due au fait que les enfants ont un accès trop facile aux armes à feu. La majorité de ces incidents se passent du primaire au lycée dans les écoles publiques.

L'ENSEIGNEMENT SUPÉRIEUR

Les États-Unis ont l'un des meilleurs systèmes éducatifs au monde et on y trouve plus de 1.1 millions d'étudiants internationaux représentant à peu près 4.5% de tous les étudiants et qui viennent d'environ 200 pays. La plupart de ces élèves viennent de Chine et d'Inde, les Chinois représentent 35%, les Indiens 18% et les Sud-Coréens 4%. Je me rappelle que dans mon université, on voyait très peu d'Africains et d'Européens. En 2020, le nombre d'étudiants venant de l'étranger aurait chuté et Josh Moody nous donne les deux raisons majeures dans son article pour le journal USA News:

- La pandémie du COVID-19 suivie de sa crise économique pour de nombreuses familles dans le monde.

- Le climat politique américain de 2020 qui laissait à désirer sur l'enthousiasme de l'immigration par le gouvernement.

L'admission à l'université est comme au collège: basée sur le rendement scolaire mais aussi les finances pour les étudiants internationaux. En candidatant déjà dans une université depuis le pays d'origine, l'école demande d'attacher un relevé bancaire prouvant pouvoir couvrir au moins un an d'études y compris logement et pension.

Pour consolider son dossier de candidature en tant que candidat international, il est nécessaire de fournir les résultats scolaires, tels que le relevé de notes du baccalauréat ou du diplôme de fin de cycle, ainsi que les résultats des tests TOEFL (test évaluant la capacité à suivre des cours universitaires en anglais) et ACT (American College Testing qui veut dire Test universitaire Américain) ou SAT (Scholastic Assessment Test qui veut dire Test de compétences scolaires). Le TOEFL et le ACT ou SAT ne sont pas obligatoires si l'on décide de commencer les études par des cours d'anglais proposés généralement par les universités. Cependant, il est recommandé de suivre des cours d'anglais intensifs dans son pays d'origine avant de voyager, afin d'avoir un niveau de base, car commencer à partir de zéro ici peut être très difficile. La plupart des cours d'anglais dispensés par les universités sont de niveau intermédiaire et non débutant. Avoir un certain niveau d'anglais avant de venir est donc fortement recommandé.

Pourquoi les États-Unis comme choix d'études universitaires?

Etudier aux États-Unis offre beaucoup d'avantages. Déjà, apprendre la langue pour les personnes qui n'ont pas l'anglais comme langue native. Étant francophone, étudier ici vous permet d'être bilingue, ce qui ouvre l'esprit mais aussi des opportunités professionnelles plus tard. Être bilingue permet de s'adapter à beaucoup de situations, à être meilleur communicateur, à développer votre esprit de créativité, le cerveau reste en alerte et il est démontré par plusieurs études que parler une deuxième langue aide à ralentir le développement des déficiences cérébrales telles que l'Alzheimer et la démence.

Aussi, la majorité des écoles offre beaucoup de débouchés de stages et d'emplois pendant et après le diplôme. Les sociétés locales y viennent au moins deux fois par an pour un grand recrutement et les élèves ont là des offres immédiatement.

Le département des affaires estudiantines des universités offre des formations et des ateliers gratuits pour aider les élèves à rédiger leur CV, à se préparer aux entretiens d'embauche et offre aussi des séminaires éducatifs sur les différents débouchés de leurs filières.

Les États-Unis offrent une diversité incroyable comme je

le disais plus haut, et donc, la possibilité de se faire des amis venant de tous les coins du monde et aussi d'apprendre de nouvelles cultures et traditions.

En plus, le système académique est fait de sorte que l'élève n'a pas besoin de déterminer immédiatement sa spécialisation, il a les deux premières années pour y réfléchir, vu que ces années sont beaucoup concentrées sur les matières générales. L'élève a donc l'opportunité de sélectionner plusieurs matières facultatives qui le rendent curieux et ainsi, une passion peut se créer. Jusqu'au Bachelor, il y a plus d'une dizaine de matières facultatives, les choix peuvent se porter sur des classes d'art, de danse, de peinture, de littérature, de journalisme, d'éducation physique, pour ne citer que celles-ci.

Je m'arrêterai de parler des avantages qu'il y a de faire ses études aux USA par ce dernier point: l'avantage comparatif que l'étudiant international a en retournant dans son pays. Surtout venant d'un pays en voie de développement, avoir quelqu'un qui a une expérience américaine pourrait exporter cette expertise dans sa région en l'adaptant aux réalités de sa région bien sûr, et ainsi, participer au développement de celui-ci.

C'est ce que l'État chinois et ses habitants ont compris depuis des décennies en allant apprendre des premiers, ils sont arrivés à développer leur économie de façon explosive. Il faut dire que les Chinois retournent chez eux après l'expérience acquise, quand beaucoup d'autres ressortissants restent y vivre, ce qui constitue une perte de talents pour leurs pays d'origine.

Système de notation

À l'université, la moyenne générale semestrielle (appelée GPA) est sur 4, et pour passer il faut avoir au moins 2,5; les examens et devoirs sont notés sur 100, la moyenne pour valider la matière étant de 70, qui équivaut à C. En gros, la moyenne générale pour passer n'est pas 10/20! Le tableau ci-dessous nous explique un peu plus en profondeur ce système de notation.

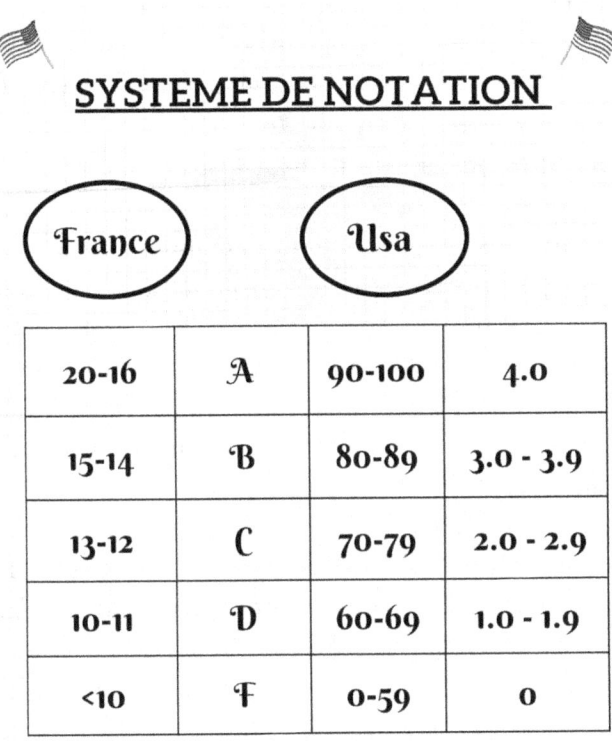

SYSTEME DE NOTATION

France		Usa	
20-16	A	90-100	4.0
15-14	B	80-89	3.0 - 3.9
13-12	C	70-79	2.0 - 2.9
10-11	D	60-69	1.0 - 1.9
<10	F	0-59	0

Système de notation en France vs USA

Processus du visa pour les Étudiants Internationaux

Obtenir son visa étudiant est un travail de longue haleine.

La première étape sera de **trouver l'école** où on désire étudier déjà depuis le pays d'origine. On peut choisir l'école en fonction de la qualité du programme académique (la liste des top 25 universités et top 25 community colleges dans les prochaines pages), mais aussi en fonction du prix, de l'expérience sociale désirée, en fonction de la ville où l'on doit être obligatoirement à cause d'une raison familiale par exemple.

Ensuite postuler dans l'école en remplissant les formulaires qui se trouvent sur le site de l'établissement.

Entrer en contact avec le conseiller pédagogique (appelé advisor). Généralement après avoir lancé l'application, le conseiller entre en contact avec le postulant, mais au cas où il ne le fait pas, on peut facilement trouver son contact sur le site de l'école.

Fournir tous les documents demandés par le conseiller. N'oubliez pas que ces conseillers sont là pour vous aider à la moindre question, donc n'hésitez pas. Les conseillers répondent aux emails en moins de 48h la plupart du temps, alors si vous n'obtenez aucune réponse, cherchez l'adresse email de la faculté et ils sauront vous guider vers la personne adéquate pour les étudiants internationaux.

Recevoir sa lettre d'acceptation et son I-20: Ces documents sont généralement expédiés en quelques semaines.

Prendre rendez-vous à l'ambassade: Il est important de noter qu'avec la pandémie de COVID-19, les ambassades ont été un peu bousculées pour les rendez-vous, il faut donc s'y prendre tôt pour toutes les candidatures, pour ne pas lancer le dossier à la dernière minute et se rendre compte qu'il n'y a pas de rendez-vous disponible pour la date souhaitée. Je me rappelle que j'ai été obligée d'aller faire ma demande dans un autre pays au Sénégal parce que l'ambassade était fermée pas

à cause de la pandémie mais pendant l'une des crises politiques qu'avait connu mon pays.
La dernière étape est la **préparation du voyage.**

Documents importants à prévoir pour le voyage et à ne pas oublier:
Le Passeport, le billet d'avion, le I-20, la lettre d'admission, le dossier médical et document d'assurance, les documents administratifs, sa liste de contact sur papier au cas où le téléphone se décharge.

Alors Université ou Community College: que choisir?

Nous avons deux types d'écoles supérieures: l'Université (la fac) et le Community College (Collège Communautaire). L'université offre un programme d'études complet jusqu'à obtention du Bachelor, représentant la validation de 120 crédits ou UV (unités de valeur), qui fait à peu près 40 matières. Je dis à peu près pour la raison que certaines matières font 4 crédits et d'autres 2 ou 3 crédits. En moyenne, le Bachelor peut s'obtenir en 4 ans (à raison de 10 matières par an) ou moins si on décide de prendre des cours d'été et d'hiver; mais je conseillerai de ne prendre les cours d'été et d'hiver qu'après la deuxième année au moins pour s'assurer d'être bien habitué au système et à la langue et même au train de vie, je dirais. Pour un étudiant international, il est obligatoire de prendre au moins 12 crédits et au maximum 18 crédits pour un semestre.

Les semestres sont nommés après les saisons. Ce tableau ci-dessous en fait le résumé.

AUTOMNE (Fall)	Mi-Août – Mi-Décembre	Obligé de prendre <u>minimum 12 crédits</u> et maximum 18 crédits. *C'est le semestre qui marque le début de l'année scolaire.*
PRINTEMPS (Spring)	Janvier – Mai	Obligé de prendre <u>minimum 12 crédits</u> et maximum 18 crédits.
ÉTÉ (Summer)	Juin – Juillet	Autorisé à prendre 6 crédits mais il n'est pas obligé de faire ce semestre. *Certaines écoles font deux sessions d'été, une en juin et une autre en juillet. Les cours sont condensés et s'appellent Fast Track.*
HIVER (Winter)	Décembre	Comme les cours d'été, ce semestre est facultatif, il dure environ 1 mois et n'est pas disponible dans toutes les écoles.

Le Fast Track est une formule où les cours sont accélérés. C'est-à-dire qu'au lieu d'avoir par exemple le cours de math normalement 2 fois dans la semaine pendant le semestre, on l'a 4 fois pour pouvoir valider la classe plus tôt en 2 mois au lieu de 4 mois. En fonction des écoles, le Fast Track est offert en été et hiver mais aussi peut être offert pendant les semestres plus longs d'automne et de printemps. C'est une option que les élèves aiment bien pendant les longs semestres pour permettre de prendre plus de matières mais séparément pour éviter d'être surmené.

Après le programme de Bachelor, vient celui du Master qui vaut 60 crédits, soit environ deux années d'étude, et enfin le Doctorat ou Ph.D. qui s'obtient après une recherche, une thèse validée comme dans le système francophone.

L'université offre une expérience complète de la vie estudiantine vu qu'il y a possibilité de vivre sur le campus, il est donc plus facile de se créer un réseau, un groupe d'amis avec qui vous avez la même filière, vous prenez les mêmes cours et donc vous étudiez ensemble pendant 4 ans.

Le community college, quant à lui, offre les cours supérieurs jusqu'à la deuxième année. Après validation de cette deuxième année (60 crédits), on obtient un diplôme appelé l'Associate Degree. Avec ce diplôme on a la possibilité de déjà travailler ou continuer à l'université pour faire les deux années restantes pour obtenir le Bachelor. Il n'y a généralement pas de dortoir dans les community college, mais une vie estudiantine peut être quand même créée en rejoignant les différents clubs et associations d'élèves.

J'ai réalisé une enquête et interrogé un groupe d'anciens élèves vivant aux États-Unis pour savoir s'ils avaient un sentiment d'intégration à l'école. 86,7% d'entre eux ont répondu oui, ce qui s'explique en partie par leur implication active dans leur établissement scolaire.

Les associations et clubs qu'on trouve dans les deux types d'écoles sont l'association des élèves noirs, et/ou africains; l'association des femmes leaders; clubs de journalisme, de théâtre, clubs de débats, de danse, etc.

Les sororités et fraternités sont généralement présentes dans les campus universitaires. Elles offrent d'excellentes opportunités d'intégration pour les nouveaux étudiants et permettent de développer un réseau social et professionnel. Chaque sororité et fraternité possède une grande maison sur le campus où tous les membres vivent. Bien qu'on les voit souvent faire la fête dans les films, rejoindre ce type de groupe va au-delà des festivités. C'est avant tout les relations que l'on crée qui peuvent faire la différence plus tard dans un CV lors de la recherche d'emploi. Avec des centaines de milliers d'anciens membres, imaginez le nombre de personnes auxquelles vous pouvez avoir accès. De plus, une fois que vous êtes membres de ces groupes, c'est pour la vie! Si j'avais compris cela plus tôt, mes années universitaires auraient certainement été bien différentes!

Alors, que choisir entre l'université ou le community college? Je dirai que tout dépend de la situation de l'élève. Une personne plus âgée qui vient d'arriver et cherche à obtenir un diplôme ne sera pas là pour tous les artifices de l'université. À cette personne, je recommanderais d'obtenir l'Associate degree au community college avant le Bachelor à l'université. Un jeune élève qui vient d'obtenir son diplôme de fin d'études au lycée et qui débarque aux États-Unis pourrait choisir la voie de l'université et rester concentré sur le Bachelor directement tout en ayant créé une vie autour de lui et autour de l'école.

Cependant, l'un des critères les plus importants est sans aucun doute les frais de scolarité. Il est indéniable que le community college est beaucoup moins cher que l'université. Ainsi, un étudiant international dont les frais de scolarité sont couverts par ses parents de classe moyenne commencera au community college et terminera son Bachelor à l'université afin de réduire les coûts. Prenons l'exemple de Dallas, car c'est ce que je connais: au Dallas Community College, les frais de scolarité sont de 200 dollars par crédit pour un semestre (printemps ou automne). Pour 12 crédits, soit 4 matières par semestre, cela revient à 2.400 dollars pour un étudiant international et 948 dollars pour un résident américain de Dallas. À l'université, comme l'UTD (Université du Texas à Dallas), les mêmes 4 matières coûtent 19.888 dollars pour un étudiant international et 7.282 dollars pour un résident américain de Dallas.

Les élèves qui préparent le diplôme du Bachelor sont appelés "Undergraduate" et ceux du Master sont appelés "Graduate".

Le coût est un peu plus élevé si on est Américain ou détenteur de la green card mais qu'on ne réside pas dans la ville de l'école; plus élevé mais pas excessivement. Ces coûts viennent directement des sites officiels de ces écoles pour l'année académique 2021-2022 (voir dans le tableau ci-dessous).

N'oubliez pas que les prix augmentent presque chaque année.

SHORTCUT:
dallascollege.edu/tuitioncalculator

Tuition Calculator

On this page: In-County   Out-of-District   Out-of-State/International

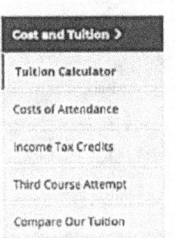

Cost and Tuition >

Tuition Calculator

Costs of Attendance

Income Tax Credits

Third Course Attempt

Compare Our Tuition

Dallas County Resident Tuition Calculator

To calculate your tuition if you live in-county, just enter the number of hours you will be taking this semester, or even for your entire program, in the Hours box. The amount showing in the Total Tuition Cost box is the amount you will pay for tuition.

Note:There may be lab or other fees associated with particular courses.

Hours	Tuition per Hour	Total Tuition Cost
12	$79	$948

Out-of-District Tuition Calculator

To calculate your tuition if you live outside of Dallas county, just enter the number of hours you will be taking this semester, or even for your entire program, in the Hours box. The amount showing in the Total Tuition Cost box is the amount you will pay for tuition.

Note:There may be lab or other fees associated with particular courses.

Hours	Tuition per Hour	Total Tuition Cost
12	$135	$1620

Out-of-State/International Tuition Calculator

To calculate your tuition if you live outside of Texas or the United States, just enter the number of hours you will be taking this semester, or even for your entire program, in the Hours box. The amount showing in the Total Tuition Cost box is the amount you will pay for tuition.

Note:There may be lab or other fees associated with particular courses.

Hours	Tuition per Hour	Total Tuition Cost
12	$200	$2400

Note: There is a $200 minimum for out-of-state or international students.

Scolarité à Dallas Community College: Pour 4 matières, 948$ pour les Américains et 2.400$ pour les étudiants internationaux le semestre

Summer classes: Students who are registered in a combination of 5, 8, or 11-week summer session classes will be charged the 11-week rate for all summer classes.

Variable Tuition Plan 2021-2022

Credit Hours	Resident / Undergraduate			Non-Resident / Undergraduate			Resident / Graduate			Non-Resident / Graduate		
	Fall / Spring / 11-Week Summer	8-Week Summer Only	5-Week Summer Only	Fall / Spring / 11-Week Summer	8-Week Summer Only	5-Week Summer Only	Fall / Spring / 11-Week Summer	8-Week Summer Only	5-Week Summer Only	Fall / Spring / 11-Week Summer	8-Week Summer Only	5-Week Summer Only
1	$1,700	$1,622	$1,557	$4,633	$4,555	$4,490	$1,651	$1,573	$1,508	$2,437	$2,359	$2,294
2	$2,278	$2,200	$2,135	$6,214	$6,136	$6,071	$2,653	$2,575	$2,510	$3,941	$3,863	$3,798
3	$2,857	$2,779	$2,714	$7,795	$7,717	$7,652	$3,435	$3,357	$3,292	$5,423	$5,345	$5,280
4	$3,436	$3,358	$3,293	$9,376	$9,298	$9,233	$4,112	$4,034	$3,969	$6,829	$6,751	$6,686
5	$4,015	$3,937	$3,872	$10,957	$10,879	$10,814	$4,788	$4,710	$4,645	$8,235	$8,157	$8,092
6	$4,593	$4,515	$4,450	$12,539	$12,461	$12,396	$5,462	$5,384	$5,319	$9,639	$9,561	$9,496
7	$5,172	$5,094	$5,029	$14,120	$14,042	$13,977	$6,573	$6,495	$6,430	$11,664	$11,586	$11,521
8	$5,751	$5,673	$5,608	$15,701	$15,623	$15,558	$7,249	$7,171	$7,106	$13,052	$12,974	$12,909
9	$6,330	$6,252	$6,187	$17,281	$17,203	$17,138	$7,544	$7,466	$7,401	$14,626	$14,548	$14,483
10	$6,348	$6,270	$6,205	$17,337	$17,259	$17,194	$8,133	$8,055	$7,990	$15,656	$15,578	$15,513
11	$6,366	$6,288	$6,223	$17,392	$17,314	$17,249	$8,722	$8,644	$8,579	$16,910	$16,832	$16,767
12	$7,282	$7,204	$7,139	$19,888	$19,810	$19,745	$9,061	$8,983	$8,918	$18,072	$17,994	$17,929
13	$7,282	$7,204	$7,139	$19,888	$19,810	$19,745	$9,061	$8,983	$8,918	$18,072	$17,994	$17,929
14	$7,282	$7,204	$7,139	$19,888	$19,810	$19,745	$9,061	$8,983	$8,918	$18,072	$17,994	$17,929
15	$7,282	$7,204	$7,139	$19,888	$19,810	$19,745	$9,061	$8,983	$8,918	$18,072	$17,994	$17,929

Scolarité Université du Texas à Dallas (UTD)

À L'Université du Texas à Dallas, 12 crédits, soit 4 matières par semestre, coûtent à un résident et un Américain 7.282$ pendant que ce même nombre de matières coûte 19.888$ à un non résident et un étudiant international (logement non inclus).

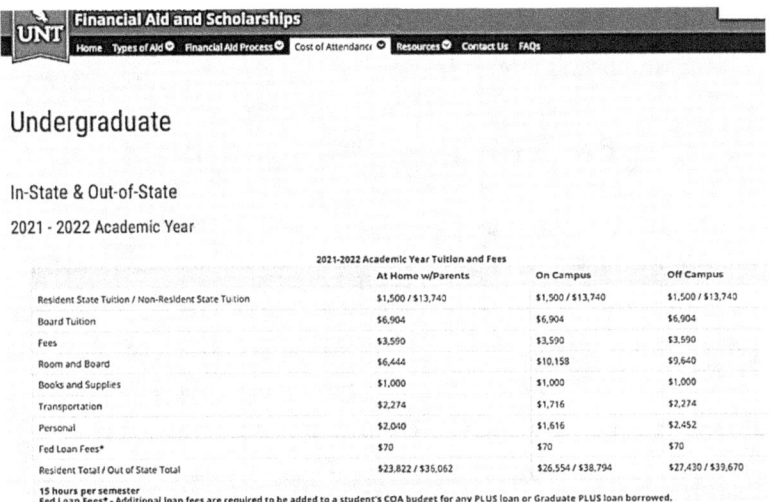

Scolarité Université du Nord Texas à Dallas (UNT)

À UNT, pour un semestre de 15 crédits, ce qui fait à peu près 5 matières, les cours coûtent 1.500$ pour les résidents et les Américains et 13.740$ pour les non-résidents et les étudiants internationaux.

Il y a des universités qui coûteront un peu moins cher que UTD par exemple (telles que UNT) et des collèges qui coûteront un peu plus cher; mais ces chiffres sont plus pour montrer la différence de prix qu'il y a entre les deux types d'établissements: community college VS université. Ce que certains étudiants font avec le soutien (et suivi) des conseillers pédagogiques est qu'en étant au community college, ils prennent déjà toutes les matières pré-requises pour le Bachelor qui sont disponibles au collège pour pouvoir économiser.

Il est vrai que certaines classes ne sont pas offertes dans les collèges, et en tant qu'étudiant international, il faut passer par ces prix-là pour avoir le diplôme. C'est pourquoi beaucoup travaillent d'arrache-pied pour valider toutes les matières prises et ne jamais reprendre et tout faire pour obtenir une bourse d'études.

Bourses d'études et aides financières

Obtenir une bourse d'études en tant qu'étudiant international permet d'être éligible pour payer comme un américain résidant dans la plupart des écoles: j'explique. Un étudiant qui devrait payer par exemple 19.888$ pour ses cours (comme dans notre cas cité plus tôt), en obtenant une bourse d'études de 1.000$ au lieu de payer 18.888$ payera comme un américain c'est-à-dire les 7.282$ - 1.000$ (de la bourse actuelle) et donc 6.282$. Alors, vous comprenez pourquoi obtenir une bourse d'étude est primordial pour beaucoup d'élèves. Il faut noter que ce n'est pas toutes les écoles qui adhèrent à ces programmes et la somme minimum de la bourse d'étude pour être éligible est généralement de 1.000$. Néanmoins, obtenir une bourse d'études en tant qu'étudiant international n'est pas toujours facile. Les critères d'éligibilité de chaque bourse sont différents et disponibles sur le site officiel des écoles dans la section bourses et aides financières.

En tant qu'Américain ou résident permanent, on bénéficie de plusieurs types de bourses d'études: des écoles mais aussi des bourses d'Institutions privées et gouvernementales. En plus, l'on a accès à des aides financières (appelées grants) et un système de crédit appelé FAFSA remboursable en plusieurs années avec un taux d'intérêt bien sûr. Sur le site officiel gouvernemental du programme FASFA studentaid.gov, il est écrit que le taux d'intérêt 2021-2022 est de 3,73% pour les étudiants du premier cycle (programme Bachelor) et de 5,28% pour le second cycle (programme Master). Le président Obama et sa femme avaient tous les deux eu recours à ce crédit pour financer leurs études et n'ont fini le paiement que pendant la période de leurs 40 ans!

En tant qu'étudiant international, il y a moins de ressources pour les bourses d'études, mais il en existe quand même. Dans mes recherches, j'ai trouvé un article de Matt Killorin pour US News Global Education où il fait la liste de 15 sites où trouver des bourses et prêts pour les étudiants internationaux. Parmi ces 15 sites, mes préférences sont internationalstudent.com et educationusa.state.gov parce qu'on y trouve les bourses par États et par filières, ce qui rend la recherche plus facile. J'invite toutes les personnes intéressées par les études aux États-Unis à jeter un œil à l'article, en plus cela ne coûte rien d'essayer! Vous n'avez qu'à scanner le code!

Liste de 15 sites où trouver des bourses
d'études pour les internationaux

Les pages suivantes sont les Top 25 Community Collèges et Universités aux USA.

LE SYSTÈME SCOLAIRE DÉMYSTIFIÉ

Rang National	Nom de l'Université (Ville, État)	Autres classements	Taux d'obtention de diplôme
1.	Pasadena City College (Pasadena, Californie)	#1 de l'État de Californie	43%
2.	Los Angeles City College (Los Angeles, Californie)	#2 de l'État de Californie	23%
3.	City College of San Francisco (San Francisco, Californie)	#3 de l'État de Californie	37%
4.	De Anza College (Cupertino, Californie)	#4 de l'État de Californie	65%
5.	Sacramento City College (Sacramento, Californie)	#5 de l'État de Californie	26%
6.	Lone Star College System (The Woodlands, Texas)	#1 de l'État de Texas	12%
7.	Anne Arundel Community College (Arnold, Maryland)	#1 de l'État de Maryland	27%
8.	Santa Barbara City College (Santa Barbara, Californie)	#5 de l'État de Californie	42%
9.	Collin College (Mckinney, Texas)	#2 de l'État de Texas	16%
10.	College of DuPage (Glen Ellyn, Illinois)	#1 de l'État de L'Illinois	22%
11.	Macomb Community College (Warren, Michigan)	#1 de l'État de Michigan	12%
12.	Fullerton College (Fullerton, Californie)	#7 de l'État de Californie	33%
13.	Bronx Community College (Bronx, New York)	#1 de l'État de New York	19%
14.	Blinn College (Brenham, Texas)	#4 de l'État de Texas	9%
15.	Chabot College (Hayward, Californie)	#8 de l'État de Californie	34%
16.	East Mississippi Community College (Scooba, Mississippi)	#1 de l'État de Mississippi	35%
17.	Northern Virginia Community College (Annandale, Virginie)	#1 de l'État de Virginie	29%
18.	Montgomery College (Rockville, Maryland)	#2 de l'État de Maryland	28%
19.	Malcolm X College (Chicago, Illinois)	#2 de l'État d'Illinois	23%
20.	Cuyahoga Community College (Cleveland, Ohio)	#1 de l'État de l'Ohio	24%
21.	Asa College (Brooklyn, New York)		29%
22.	American River College (Sacramento, Californie)		31%
23.	Glendale Community College (Glendale, Arizona)	-	14%
24.	New Mexico Military Institute (Roswell, New Mexico)	#1 de l'État de New Mexico et #2 des Universités et Collèges les plus influents	46%
25.	Portland Community College (Portland, Oregon)	#1 de l'État de l'Oregon	20%

LES TOP 25 COMMUNITY COLLEGES AUX USA

Rang National	Nom de l'Université (Ville, État)	Autres classements	Taux d'admission	Taux d'obtention de diplôme
1.	Harvard University (Cambridge, Massachusetts)	#1 des universités dans le monde	5%	98%
2.	Stanford University (Stanford, Californie)	#3 des universités dans le monde	5%	95%
3.	Massachusetts Institute of Technology MIT (Cambridgge, Massachusetts)	#1 dans la recherche de l'information et l'ingénierie	7%	96%
4.	University of Berkeley (Berkeley, Californie)	#5 des universités dans le monde	17%	95%
5.	Yale University (New Haven, Connecticut)	#7 des universités dans le monde et #1 des Universites et Colleges les plus influents	7%	96%
6.	Columbia University (New York, New York)	#6 des universités dans le monde	7%	96%
7.	Princeton University (Princeton, New Jersey)	#2 dans la recherche sur les Mathématiques	6%	98%
8.	University of Chicago (Chicago, Illinois)	#3 dans la recherche sur les Études Religieuses, l'Economie et la Sociologie	7%	96%
9.	University of Michigan (Ann Arbor, Michigan)	#2 dans la recherche sur l'Education	26%	93%
10.	New York University (New York, New York)	#2 des meilleures écoles de New York	21%	88%
11.	University of Pennsylvania (Philadelphie, Pennsylvanie)	#1 dans la recherche sur les Études Business, Infirmerie et Travail Social	9%	96%
12.	Cornell University (Ithaca, New York)	#3 des meilleures écoles de New York	11%	95%
13.	University of California, Los Angeles (Los Angeles, Californie)	#2 des meilleures écoles de Californie	14%	91%
14.	Duke University (Durham, Caroline du Nord)	#1 des meilleures écoles chrétiennes	8%	96%
15.	Carnegie Mellon University (Pittsburg, Pennsylvanie)	#2 des meilleures écoles de Pennsylvanie	17%	93%
16.	University of Southern California (Los Angeles, Californie)		16%	92%
17.	California Institute of Technology(Pasadena, Californie)	#1 des meilleures écoles 1er cycle	7%	92%
18.	University of Washington (Seattle, Washington)	#1 des meilleures écoles de Washington	56%	82%
19.	Northwestern University (Evanston, Illinois)	#2 des meilleures écoles d'Illinois	9%	95%
20.	University of Texas at Austin (Austin, Texas)	#1 des meilleures écoles de Texas	32%	88%
21.	Georgetown University (Washington, DC)	#2 des meilleures écoles chrétiennes	17%	94%
22.	John Hopkins University (Baltimore, Maryland)	#1 des meilleures écoles du Maryland	11%	94%
23.	University of Minnesota (Minneapolis, Minnesota)	#1 des meilleures écoles du Minnesota	70%	84%
24.	University of Wisconsin at Madison (Madison, Wisconsin)	#1 des meilleures écoles du Wisconsin	57%	88%
25.	University of Illinois Urbana-Champaign (Champaign, Illinois)	#3 des meilleures écoles de l'Illinois	63%	86%

Source: academicinfluence.com

LES TOP 25 UNIVERSITÉS AUX USA

Ces classements varient en fonction de différents critères: nombre d'élèves, qualité des programmes, taux d'admissions, taux d'obtention des diplômes. Ce qu'on remarque, c'est la différence entre le taux d'obtention de diplôme au Community College qui est très bas comparé à l'Université. Une raison est que les élèves du Community College ne sont pas obligés d'obtenir l'associate degree, ils peuvent aller directement à l'université pour obtenir le Bachelor. Une autre raison aussi est la différence des coûts scolaires. Beaucoup peuvent se permettre de s'enrôler et aussi d'abandonner, à l'université les coûts sont si élevés que l'investissement est trop pour abandonner sans obtenir le diplôme. Le taux d'admission est très bas parce que la plupart des écoles dans cette liste font partie de l'Ivy League.

Ivy League

Ivy League est un groupe d'universités et de collèges privés d'élite et de prestige qui a été formé dans le Nord-Est des États-Unis au vingtième siècle. Le mot Ivy vient du chiffre Romain quatre IV qui se lit littéralement en anglais Ivy. Les écoles qui en font partie sont Harvard, Yale, Princeton, Columbia, Dartmouth, Cornell, Brown et l'Université de Pennsylvanie. Harvard a été la toute première école de la nouvelle ère à ouvrir ses portes en 1636 aux États-Unis.

Beaucoup de critiques ont été faites sur le fait que certaines très bonnes écoles telles que le Massachusetts Institute of Technology (MIT) et Stanford par exemple hautement classés nationalement ne faisaient pas partie de la League. La raison était que ces écoles citées n'avaient pas un grand programme sportif. Jusqu'à présent, il y a un championnat chaque année entre les écoles de l'Ivy League en football américain et avec d'autres conférences dans tout le pays.

Être étudiant dans ces écoles prestigieuses apporte non seulement une formation hors pair, mais en plus, un réseau très puissant ce qui est presque équivalent au diplôme en lui-même. Je mets beaucoup l'accent sur le réseautage parce que dans la société au sein de laquelle nous vivons, les connexions humaines règlent beaucoup de problèmes!

Pour ma part, en venant ici, je rêvais de faire mes études à l'Université de Princeton dans le New Jersey, mais les prix m'avaient tellement effrayée que je n'avais même pas cherché à postuler pour des aides!

Université d'Harvard / Source: DenisTangneyJr - Getty Images Signature

Les étudiants internationaux peuvent-ils prendre des pauses?

Les étudiants F-1 peuvent prendre des pauses dans leurs études, mais il est important de connaître les règles et réglementations qui encadrent ces pauses. En général, les étudiants internationaux sont tenus de s'inscrire à temps plein pendant l'année universitaire. Cependant, ils peuvent être autorisés à prendre des périodes de vacances ou à prendre un congé temporaire (appelé Leave of Absence LOA) pour des raisons personnelles ou médicales. Il est crucial que les étudiants consultent les responsables désignés de leur établissement scolaire (DSO) et se conforment aux directives établies par les Services de l'immigration et de la citoyenneté des États-Unis (USCIS) pour s'assurer de maintenir leur status légal.

Pour plus d'infos, visitez www.uscis.gov

Optional Practical Trading (OPT)

Optional Practical Trading dit OPT est un programme d'autorisation temporaire de travail qui permet aux étudiants internationaux titulaires de visas F-1 de travailler dans leur domaine d'études pendant une durée maximale de 12 mois après l'obtention de leur diplôme. Les détenteurs des diplômes STEM peuvent être éligibles à une prolongation de 24 mois, portant la durée d'autorisation de travail à 36 mois au total. STEM est l'abréviation de quatre domaines d'études: Science, Technologie, Ingénierie and Mathématiques.

Pour plus d'infos, visitez www.uscis.gov

LA VIE D'ÉTUDIANT

Vivre sur le campus ou en dehors du campus

Ma première année d'études aux States, je vivais sur le campus et ce qui me plaisait le plus dans cette situation était la proximité de mes salles de classe, vu que je n'avais pas de voitures et que le système de transport dans ma petite ville laissait beaucoup à désirer.

D'autres points positifs sont les charges (factures d'électricité, eau, internet) qui sont incluses dans le prix mensuel ou semestriel; la nourriture aussi, mais je me souviens que dans mon campus à Oklahoma, la cantine fermait ses portes très tôt avant 19h; après 19h, on peut être à l'intérieur mais on ne peut plus entrer pour se servir. Aussi arrive-t-on à bien se concentrer au campus, peut-être plus parce que je n'avais pas de télévision en chambre, juste l'ordinateur mais avoir les amis de classes pas loin permet d'étudier tous ensemble, ce qui rend la bosse plus facile à mon avis. En plus de la vie sociale, vu que l'école est à quelques pas, on a donc accès à la bibliothèque qui est mon endroit préféré pour étudier. Un autre avantage qui est beaucoup bénéfique pour les jeunes étudiants, chaque palier ou bâtiment a un/une responsable à qui on peut parler de tout et de rien, à qui on se réfère quand la chambre a besoin d'une maintenance ou une réparation. Il est vrai que les dortoirs sont souvent bruyants, et il faut partager son appart ou même sa chambre: dans certains campus, vous pouvez être à deux ou quatre par chambre ce qui n'est pas l'idéal. Et donc, pas beaucoup de vie privée.

Les conditions pour être accepté pour un appartement en dehors du campus sont souvent complexes pour un étudiant international. J'explique: pour être accepté dans un appart, il faut payer les frais d'inscription, démontrer un historique sans délits, et prouver qu'on est bon payeur par notre historique. Quand on ne peut pas prouver, on doit payer une caution additionnelle qui peut aller jusqu'à 1.000$, ou une autre option est de trouver une personne qui puisse se porter garant avec un bon statut financier et un bon crédit *(j'expliquerai ce que c'est que le crédit un peu plus loin dans le livre)*, ce qui n'est pas chose facile. C'est difficile de trouver quelqu'un qui se portera garant parce que s'il y a défaut de paiement, cela rejaillit sur cette personne et à vrai dire la mentalité ici, c'est chacun pour soi, Dieu pour tous.

Heureusement, les étudiants internationaux arrivent à trouver des logements, surtout dans les complexes d'appartement non loin des écoles en utilisant leur **i-20**.

Le i-20 est un document fourni par l'école lorsqu'un élève y est admis et qu'on présente à l'ambassade des États-Unis du pays d'origine pendant le jour de l'entretien pour la demande de visa. Dans le i-20, se trouve une section qui atteste que le sponsor (parent ou autre) de l'élève s'engage à payer les cours selon un certain montant, et aussi le logement et la nourriture (room and board). C'est ce document qui permet aux élèves de prouver le support financier lors de la recherche de logement. Ce ne sont pas tous les complexes d'appartement qui connaissent cette option ou même l'autorisent. C'est pourquoi, je dis qu'on a plus de chance avec les complexes pas loin des écoles parce qu'ils sont déjà habitués à ce genre de cas.

Avant de se déplacer physiquement pour chercher un appart après avoir établi le budget, il faut déjà faire le tri en regardant sur internet. Les sites recommandés pour cela sont google, apartment.com et zillow.com.

Pour ceux qui viennent en tant que résidents permanents, le propriétaire demandera une preuve d'emploi dont le revenu devra faire au moins deux à trois fois mensuellement le coût de la location. Par exemple, pour un appartement de

1.000$, la preuve de revenu devra être au moins 2.000$ à 3.000$ comme salaire selon le propriétaire.

En plus de la preuve de revenu ou du i-20, le propriétaire fera payer des frais d'inscription (entre 100$ à 300$), un paiement d'une caution qui tourne autour de 100$ à 500$.

Si on compte résilier le bail avant la fin, le propriétaire exigera au moins deux mois de loyer supplémentaires avant de vous laisser partir.

Aux États-Unis, lorsque le locataire ne paie pas son loyer pendant un mois, le propriétaire a le droit de l'expulser mais il doit fournir au préalable un document de la cour de justice donnant 10 à 15 jours pour payer ou il devra partir.

Vivre dans une petite ville ou une grande?

Chacun a ses préférences quand il s'agit de faire ce choix. Ayant expérimenté les deux cas, je dirai qu'étudier dans une petite ville permet de plus se concentrer sur ses études sans avoir beaucoup de distraction autour. Les petites villes sont généralement moins chères (frais scolaires, loyer, nourriture), il n'y a pas beaucoup d'embouteillages, de petits effectifs dans les classes. Les petites villes offrent une certaine quiétude importante les premières années d'étude et aussi beaucoup d'activités dans la nature. Les liens d'amitié qui se forgent entre les élèves sont forts parce que généralement les étudiants sont les seuls jeunes des petites villes, alors il est plus facile de créer des connections. Par contre, il est plus difficile de se déplacer dans les petites villes. Et il faut dire aussi que ça peut être déprimant à moins que pendant les congés on voyage un peu, histoire de changer d'air.

L'avantage des grandes villes est essentiellement lié aux opportunités après l'école. Il y a plus d'entreprises qui embauchent, plus d'endroits pour les stages et beaucoup d'organisations à joindre. Le transport en commun est développé: accès aux bus, taxis, car, mais surtout un aéroport proche, parce que dans les petites villes, on peut conduire des heures pour trouver un aéroport international. Les grandes villes offrent une diversité culturelle qui est primordiale pour une expérience américaine complète, et aussi accès à des musées, des festivals, concerts, activités sportives dans les parcs les weekends et une pléthore d'activités sur le campus et dans la grande ville en général.

Alors, le meilleur des deux mondes serait de vivre dans une petite ville, mais qui est à une heure à peu près d'une grande ville.

Défis auxquels sont confrontés certains étudiants internationaux

Voici les réponses obtenues d'anciens élèves lorsque j'ai posé cette question dans mon enquête:

- Participer activement en classe.
- Comprendre pleinement ce que signifie et implique le transfert d'établissement scolaire.
- Difficulté à se lier d'amitié avec les habitants locaux.
- Accès aux bourses d'études.
- Coût des frais de scolarité.
- Barrière linguistique et accents.
- Choc culturel.
- Manque d'informations et de ressources.

Conseils clés pour maximiser son experience d'études à l'étranger

Voici les réponses obtenues d'anciens élèves lorsque j'ai posé cette question dans mon sondage:

- Posez toutes les questions que vous pourriez avoir à vos conseillers.
- Familiarisez-vous avec les lois d'immigration applicables aux étudiants internationaux. De plus, choisissez votre domaine d'études avec soin, car il a un impact considérable sur votre expérience après l'université.
- Prenez en main votre éducation. Vérifiez toutes les informations fournies en les vérifiant deux ou trois fois. Elles pourraient être obsolètes ou ne pas s'appliquer à votre situation particulière.
- Créez-vous un réseau et interagissez avec des Américains et des anglophones.
- Rejoignez un club, une association ou participez à des activités parascolaires et à des événements sur le campus.
- Voyagez à travers le pays avec des amis ou seul(e).
- Posez beaucoup de questions et rassemblez autant d'informations que possible.
- N'hésitez pas à rendre visite à vos professeurs pendant leurs heures de permanence.
- Restez concentré(e).
- Saisissez chaque opportunité qui se présente, postulez à tout même si vous ne remplissez pas les critères.

CHAPITRE 3
TRAVAILLEZ INTELLIGEMMENT, PAS DUR

TROUVER DU TRAVAIL

Apprendre l'Anglais

Je me rappelle comment à mes débuts avec mes copines, on se disait qu'on allait vite trouver du travail et épargner pour chacune se prendre une voiture!

Travailler est tellement impératif dans un pays aussi capitaliste que les USA. Beaucoup d'immigrants ont souvent du mal à trouver un boulot décent ou un boulot qui reflète toutes leurs capacités. Mais pourquoi remarquons-nous déplorablement cela très souvent? Eh bien, cela est dû à un manque d'information, à la barrière de la langue et au manque d'assimilation de leur part. En arrivant aux États-Unis, il y a plusieurs chemins qu'on peut emprunter pour se retrouver dans le domaine du travail; certains viennent pour "se chercher" et commencent à travailler directement dans les fast food en souhaitant apprendre la langue sur le tas, se faire un peu d'argent, espérant monter en grade de "manager" mais se retrouvent facilement bloqués dans le système et les charges de la vie qui s'accroissent font qu'ils n'osent pas penser à changer de carrière. La deuxième voie est celle de ceux qui viennent et comprennent immédiatement l'importance de l'éducation et décident d'obtenir des diplômes ou certifications pour espérer recevoir une paye plus importante et avoir plus de chances d'être promus ou d'avoir de meilleures opportunités dans d'autres compagnies. Celui qui vient "se chercher" ne pense pas forcément à cette option de certificat parce qu'il se dit que cela peut être trop long ou trop coûteux, alors que pas du tout. Avec un diplôme ou certificat en poche, le postulant a un petit pouvoir sur ses choix. J'énumérerai dans les prochaines pages les diplômes et certificats où le marché du travail est plus ouvert à la demande.

Mais avant tout boulot, je pense qu'apprendre d'abord la langue est primordial avant de commencer. On trouve facilement, dans tout le pays, bon nombre d'instituts publics qui offrent des cours d'anglais gratuits pour adultes. Les bibliothèques par exemple offrent des formations de deux mois et ces sessions sont focalisées sur l'écriture, la lecture et les outils pour une bonne base en anglais. Pour ceux qui sont plus avancés dans la langue, ces bibliothèques offrent également des sessions avancées où la conversation est mise en valeur. Pour trouver ces centres, il faut juste entrer dans le moteur de recherche "free English classes".

Postuler pour un job

Les boulots de début ne sont pas des boulots de rêve, mais aident à payer les factures! Après mon diplôme j'ai eu à travailler en administration dans plusieurs domaines, mais pas dans la filière dans laquelle j'avais obtenu mon diplôme.

En guise de remarque pour les étudiants internationaux: Lorsqu'on leur a demandé dans mon sondage comment ils évalueraient les opportunités d'emploi pour les étudiants internationaux, voici les résultats obtenus:

On a scale of 1 to 5, how would you rate the job opportunities for international students in finding employment in the USA?

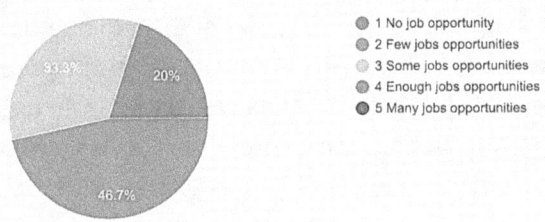

Résultat du sondage: 46% ont déclaré qu'il y avait peu d'opportunités d'emploi, 33,3% ont indiqué qu'il y avait quelques emplois et 20% ont affirmé qu'il y avait suffisamment d'opportunités d'emploi. **Ils répondent spécifiquement à une question concernant les étudiants internationaux, et non les résidents permanents, qui ont des opportunités beaucoup plus importantes pour obtenir un emploi.**

En ce qui me concerne, je me rappelle que trouver mon premier boulot n'était pas une tâche facile. Je regardais tout le temps sur le site de l'école pour voir les petites annonces venant des élèves mais surtout de l'administration qui postait à chaque fois qu'il y avait un boulot disponible. Mais ma recherche était vaine pendant plusieurs mois. Alors j'avais décidé de demander à la cafétéria s'ils embauchaient. C'est ainsi que j'ai décroché un emploi qui m'a permis d'obtenir mon numéro de sécurité sociale. Ce que je peux donc dire à tout élève qui recherche du boulot sur le campus et qui n'en trouve pas, il faut souvent aller parler directement aux différents employeurs au lieu de toujours chercher les offres sur les sites web.

En parlant de sites, pour ceux qui ne cherchent pas à partir de l'école, les meilleurs moyens sont effectivement les sites d'emploi, les agences de recrutement ou le porte-à-porte. Les deux sites que je préfère pour la recherche d'emploi sont Indeed et ZipRecruiter. Sur ces sites, on arrive à créer son profil, mettre à jour son cv, lister ses diplômes et certifications, lister ses compétences et même passer des tests directement pour ajouter d'autres compétences et montrer à l'employeur nos aptitudes. Mais la concurrence sur ces sites est rude, on y trouve beaucoup d'offres où il y a plus de 100 demandeurs, voire jusqu'à 500 demandeurs pour la même offre; alors, il est primordial de sortir du lot avec son profil pour être pris. Le conseil que je donnerai dans ces cas est qu'en plus d'avoir un très bon profil bien mis à jour, il faut miser sur la quantité, il y a des milliers d'emplois sur ces sites. Plus on postule pour des emplois, plus on a de chance d'être retenu.

Comme deuxième méthode, on retrouve les agences de recrutement. Elles fonctionnent de manière plus manuelle et sélective, avec moins de candidats pour chaque poste. Alors, comment ça fonctionne? Il vous suffit de vous inscrire sur les sites web des agences, de remplir toutes les informations, puis d'attendre d'être repéré ou contacté par le recruteur. Le recruteur effectuera une première série d'entretiens, suivie d'un deuxième tour avec le client pour la décision finale. Une fois que vous avez obtenu le poste, ces agences prélèvent un pourcentage sur votre salaire, qui est payé par le client. Une autre approche consiste à ce que ces agences reçoivent le paiement, déduisent leur part, puis effectuent le paiement à l'employé. Dans ces cas-là, l'agence est généralement considérée comme l'employeur aux fins fiscales.

Le porte-à-porte consiste à aller de business en business pour chercher un emploi, surtout ceux qui ont des panneaux "Help Wanted" sur les vitrines. Souvent, il faut prendre le taureau par les cornes! Cette approche prend plus de temps, mais on se retrouve directement face à l'employeur et le processus peut être moins long si on sait se "vendre". Ici, les compétences interpersonnelles sont mises en valeur.

Les compétences interpersonnelles, également connues sous le nom de savoir-être, font référence à la capacité d'agir et de réagir en fonction de l'environnement dans lequel nous nous trouvons à un moment donné. Par exemple, cela implique de savoir parler avec enthousiasme lorsque c'est nécessaire, mais aussi de savoir se taire lorsque cela est approprié. Pour rester dans le contexte, si l'on recherche un emploi dans un magasin, le fait d'acheter un article au préalable facilitera la communication pour aborder le sujet. En présence du responsable, savoir saluer, être habillé professionnellement, être distingué, faire bonne impression, savoir écouter et être en phase avec son intelligence émotionnelle permettent de gagner des points vis-à-vis de cet employeur.

Le porte-à-porte dépend de l'industrie où on veut travailler. Certaines compagnies vous diront d'aller sur leur site internet pour postuler et certaines industries vous remettront les documents sur place et sélectionneront les dates d'entretien.

J'ai eu recours à toutes ces trois méthodes pour trouver du travail à un moment ou à l'autre. L'avantage pour les sites de recherche de boulots en ligne est qu'on arrive à postuler dans plusieurs boulots à la fois sans avoir à bouger de son canapé et en cliquant juste sur le bouton "apply" parce que toutes nos infos y sont déjà. Et avec les sites, en cherchant un boulot en ligne par exemple, le monde est sans limite sur le nombre de boulots. Je pense aussi que c'est la meilleure méthode pour trouver un boulot en ligne pour le télétravail.

Les agences de recrutement sont aussi populaires. J'ai bénéficié de leur service au moins deux fois et ces agences même étaient elles qui m'avaient trouvée sur Indeed les deux fois. Le processus est que l'on fait un premier entretien avec ces agences, ensuite le deuxième entretien est avec l'employeur. Il faut dire que si l'on arrive à passer le premier entretien le second est plus pour prouver la compétence et tester la personnalité du candidat. Il est important de toujours garder de bons contacts avec ces agences au cas où elles recherchent un profil. Elles ont toujours une offre d'emploi sur la table, et donc garder cette relation donne un avantage sur les autres candidats.

Un autre moyen efficace est de se faire recommander par quelqu'un qui travaille déjà dans la société. C'est vrai que ceci n'est pas évident lorsqu'on vient à peine d'arriver, mais pour ceux qui y sont depuis un moment, demander à nos proches s'ils savent si leurs compagnies embauchent peut faire toute la différence! Certaines boites comme celle où je travaille en ce moment donnent un bonus à l'employé lorsqu'il recommande un candidat qui est pris. En fonction des entreprises, les bonus varient entre 500$ à 5.000$.

Il y aura toujours aussi la bonne vieille méthode des annonces dans les journaux dans la rubrique "Classified" dans la section Employment ou Jobs.

Pour les demandeurs d'emploi, le gouvernement fédéral a créé les centres professionnels tous services appelés One-Stop Career Centers. Ces centres offrent une orientation en matière de formation professionnelle, une liste d'offres d'emplois, des cours d'an-

glais et des formations pour les emplois techniques. Pour plus d'info, visitez www.careeronestop.org ou www.doleta.gov

Petit fait divers

De nombreuses entreprises, lors de la recherche d'emploi, demandent des informations telles que votre âge, votre genre, votre origine ethnique (blanc, noir, hispanique), votre statut de vétéran et votre statut d'invalidité. En ce qui concerne le statut d'invalidité, ces sociétés disposent d'une liste exhaustive d'options, comprenant notamment les handicaps physiques, le statut sérologique, la dépression et les maladies mentales. Les entreprises sont en droit de demander ces informations, et cette pratique est protégée par la loi de la Commission pour l'égalité des chances en matière d'emploi (Equal Employment Opportunity Commission). La Commission stipule que l'employeur a le droit de poser ces questions, mais il n'a pas le droit de discriminer en fonction des réponses fournies. Lorsque vous remplissez les candidatures, vous avez également la possibilité de choisir la troisième option : "Je préfère ne pas divulguer cette information".

Les tests de personnalités

Voici la liste des 10 tests de personnalités les plus couramment utilisés par les employeurs. Certaines entreprises vous demandent de les passer afin de mieux évaluer votre caractère. Amusez-vous à les passer et vous constaterez que les résultats sont étonnamment précis.

- L'indicateur de type Myers-Briggs (MBTI)
- Les cinq grands traits de personnalité (modèle des cinq facteurs)
- L'évaluation DISC
- L'inventaire de personnalité Hogan (HPI)
- StrengthsFinder
- L'ennéagramme
- Les évaluations de l'intelligence émotionnelle (EQ)
- L'inventaire psychologique de Californie (CPI)
- Le test de personnalité DiSC
- L'inventaire de personnalité HEXACO

Veuillez noter que les tests spécifiques administrés en milieu professionnel peuvent varier en fonction des préférences et des exigences de l'organisation.

L'entretien d'embauche (les attentes américaines)

La prochaine étape primordiale est bien sûr l'entretien d'embauche qui est la phase décisive comme dans n'importe quel autre système. J'ai tellement d'histoires sur les entretiens! Je vais d'abord mentionner les attentes des Américains. Déjà, l'atmosphère est plutôt détendue au risque même d'oublier qu'on a un entretien d'embauche. Certains employeurs aiment bien faire des blagues, histoire de détendre l'atmosphère. Tout ce qui intéresse à la fin de la journée, c'est qui est à même de montrer un dévouement pour le travail et qui ils aimeraient voir tous les jours parce que le facteur d'appréciation compte beaucoup.

Je me rappelle de mon tout premier entretien qui était à l'école. J'avais vu l'annonce sur l'un des murs de l'école. Je me suis rendue dans la salle et il y avait une bonne soixantaine de personnes qui postulaient. Plusieurs boulots étaient offerts. À mon tour, à l'entretien j'avais déjà flanché à ma première réponse. Je n'avais jamais fait d'entretien d'embauche et je n'avais pas pris la peine de regarder en ligne comment ils se déroulaient et comment répondre. Alors la dame m'a demandé pourquoi est-ce que je voulais travailler. J'ai répondu parce que je voulais apprendre à travailler et que je n'avais jamais travaillé! C'est donc avec très peu de surprise que j'apprenais que je n'avais pas été prise!

À un autre boulot et là en entreprise, donc un peu plus sérieux, je n'avais toujours pas beaucoup d'expériences mais ce qui m'a aidée à l'entretien c'est que j'ai été honnête, j'ai dit à l'employeur:"écoutez, je sais que je n'ai pas beaucoup d'expérience en administration mais si vous me donnez une chance, vous verrez que je suis quelqu'un qui apprend très vite, je suis intelligente, et vous pouvez me mettre à l'essai et si vos attentes ne sont pas satisfaites, j'irai avec bon cœur!"

Les questions que vous pouvez poser lors de l'entretien

peuvent être: "Vous, qu'aimez-vous le plus personnellement dans votre travail?", "Comment seront évaluées mes performances?", "Comment décririez-vous l'environnement de travail?", "Quelle direction voyez-vous la compagnie prendre dans cinq ans?".

Alors, qu'est-ce que les Américains attendent le plus lors d'un entretien surtout en entreprise? Si vous avez déjà été pris pour le tour de l'entretien c'est que déjà le résumé a dû plaire. Donc à l'entretien, l'employeur américain cherche à connaître votre personnalité, voir votre éloquence, votre dynamisme et surtout savoir si vous êtes motivé pour obtenir ce travail. Parce qu'ici, au travail c'est à 100 à l'heure souvent, et les manageurs observent les personnes, le rendement, la productivité à chaque fois parce qu'essentiellement c'est le résultat qui compte.

La Carte de Sécurité Sociale

Obtenir un travail aux États-Unis pour la première fois permet de s'enrôler pour recevoir une carte qui contient le numéro de sécurité sociale. Le numéro de sécurité sociale est attribué à la naissance en faisant l'extrait d'acte de naissance pour ceux qui sont nés ici ou il est attribué quand on est résident permanent ou lorsqu'on obtient un emploi légalement. Pour obtenir la carte de sécurité sociale, il faut se rendre à l'Administration de la Sécurité Sociale (SSA) à proximité de chez soi. En fonction de la ville, il y en a généralement au moins deux ou trois. Avant de s'y rendre, il est plus facile et plus rapide de prendre rendez-vous en les appelant. Créée en 1936, cette carte permet à l'individu, à partir de son numéro, d'enregistrer ses revenus auprès de l'État et donc payer ses impôts, des redevances ou recevoir des allocations familiales. Ces allocations sont données à certains travailleurs qui partent à la retraite et leurs familles, aux travailleurs handicapés et leurs familles et ainsi qu'à certains membres de la famille de travailleurs décédés.

Le numéro de sécurité sociale permet aussi de tracer l'individu, il révèle énormément d'informations. Tout d'abord, il révèle évidemment l'identité (nom, date et lieu de naissance). Ensuite, tout crédit emprunté auprès d'une banque pour une voiture, une maison, même un prêt scolaire, l'adresse du lieu d'habitation, le statut matrimonial, statut d'immigration, dette, faillite, infractions. Toutes ces informations sont utilisées pour faire une vérification d'antécédents mais aussi pour développer sa ligne de crédit que j'expliquerai plus en détails dans les prochains chapitres.

Il faut noter que ce numéro est gardé secret vu toutes les informations qui y sont liées. Vu sa confidentialité, lorsqu'on nous demande le numéro de la carte pour une vérification, on ne demande que les quatre derniers chiffres. Les cybercriminels n'hésitent pas à en profiter pour faire beaucoup de dégâts lorsqu'ils ont accès à ces neuf chiffres. Les détenteurs de la carte ne peuvent la remplacer que trois fois dans l'année et dix fois durant toute leur vie. Les changements de noms légaux ne sont pas compris.

Le Salaire Minimum

Le salaire minimum fédéral est de 7,25$ par heure mais varie d'État en État, c'est-à-dire selon la loi fédérale (pour tout le pays). C'est le SMIG (Salaire Minimum Interprofessionnel Garanti), mais les États ont eux aussi leurs lois et leurs lois prennent souvent autorité sur la loi fédérale. Chaque État est érigé plus ou moins comme indépendant dans ce sens-là et a le droit de créer ses propres lois à condition que ces lois ne viennent pas empiéter sur les 10 amendements qui prônent les droits d'égalité et de liberté de ses citoyens. Il faut dire aussi que ces États ajustent ce salaire minimum en fonction du style de vie *(cherté de la vie)* dans leur territoire. Je mentionnais quelques chapitres plus haut que le prix des logements par exemple étaient différents d'un État à un autre, pareil pour le prix du carburant, de la nourriture et de presque tout. Alors, ajuster les salaires dans chaque État est tout à fait justifié.

Ci-dessous est la liste pour chaque État pour l'année 2022.

Alabama	$7.25	Hawaii	$10.10	Massachusetts	$14.25	New Mexico	$11.50	South Dakota	$9.95
Alaska	$10.34	Idaho	$7.25	Michigan	$9.87	New York	$13.20	Tennessee	$7.25
Arizona	$12.80	Illinois	$12.00	Minnesota	$10.33	North Carolina	$7.25	Texas	$7.25
Arkansas	$11	Indiana	$7.25	Mississippi	$7.25	North Dakota	$7.25	Utah	$7.25
California	$15	Iowa	$7.25	Missouri	$11.15	Ohio	$9.30	Vermont	$12.55
Colorado	$12.56	Kansas	$7.25	Montana	$9.20	Oklahoma	$7.25	Virginie	$11
Connecticut	$14	Kentucky	$7.25	Nebraska	$9	Oregon	$13.50	Washington	$14.49
Delaware	$10.50	Louisiane	$7.25	Nevada	$9.50	Pennsylvanie	$7.25	West Virginia	$8.75
Floride	$11	Maine	$12.75	New Hampshire	$7.25	Rhode Island	$12.25	Wisconsin	$7.25
Georgie	$5.15	Maryland	$12.50	New Jersey	$13	South Carolina	$7.25	Wyoming	$5.15

Salaire minimum par État / Source: Site du Ministère du Travail

Washington DC, bien qu'il ne soit pas un État à part entière, a un salaire minimum de 16,10$ par heure qui d'ailleurs est le plus élevé du pays. Certains États ajoutent des conditions à ces salaires pour les compagnies. Par exemple, en Californie le salaire a été augmenté en 2022. Mais pour payer le salaire de 16$ l'heure, il faut que la compagnie ait plus de 26 employés, sinon le salaire reste à 15$ l'heure comme l'année passée.

Les États tels que la Georgie et le Wyoming qui ont un salaire plus bas que celui du fédéral (5,15$) sont obligés d'ajuster ce montant à 7,25$ selon la Loi sur les Normes du Travail Équitable approuvée en 1838.

Les Différents types de boulot

Il y a plusieurs types de boulot: le temps plein, le temps partiel, le saisonnier et le temporaire. **Le travail à temps plein** est généralement de 8h à 17h avec 30 minutes de pause pour le déjeuner et 15 minutes de pause obligatoire le matin et une autre pause de 15 minutes l'après-midi. Souvent, certaines compagnies commencent plus tôt, accordent des pauses d'une heure à midi mais qu'importe les formules horaires pour faire une journée à plein temps c'est 8 heures de travail. Les boulots sont généralement payés à l'heure et une semaine complète comptabilise 40 heures de travail Lundi à Vendredi de 9h à 17h (l'heure de pause n'est pas comptée). La paye se fait toutes les deux semaines les vendredis ou les 1ers et 15 du mois.

Le travail à temps partiel est considéré comme tel lorsque le nombre total d'heures est inférieur à 40 heures par semaine. Les étudiants internationaux, en particulier, ont le droit de travailler à temps partiel sur le campus, avec un maximum de 21 heures de travail par semaine. Les entreprises, si elles en ont la possibilité, n'hésitent pas à proposer des emplois à temps partiel pour éviter de payer l'assurance maladie et les cotisations de retraite de leurs employés. Ce modèle est adopté par les étudiants car ils doivent se consacrer en priorité à leurs études, par les nouvelles mères qui doivent souvent s'occuper de leurs enfants et ne peuvent pas forcément travailler à temps plein, et par les personnes qui ont déjà un emploi à temps plein et qui prennent un deuxième emploi à temps partiel pour joindre les deux bouts.

Il existe plusieurs quarts de travail appelés des shifts: le matin, l'après-midi et le soir, en fonction de l'entreprise. Souvent, lorsque nous recherchons un emploi à temps plein mais ne trouvons pas, accepter une offre à temps partiel dans une entreprise peut ouvrir des opportunités plus tard, lorsque des postes se libèrent. Il est donc important de rester ouvert d'esprit.

Le travail de saison ou travail temporaire comme son nom l'indique est pour un bref délai déjà défini. Il peut durer quelques semaines ou quelques mois. La saison des taxes et impôts par exemple, les compagnies engagent de décembre à avril ou plus s'il y a besoin de travail côté développement et marketing. Il y aussi les boulots liés aux intempéries, les boulots dans des endroits de vacances, dans des parcs d'attractions, dans l'événementiel ou pour un audit et j'en passe.

Coûts de la vie

Plus haut, j'ai mentionné les salaires et ces chiffres pourraient sembler grands. Mais les coûts de la vie ici sont tels que le salaire minimum n'est pas suffisant pour subvenir aux besoins d'une personne vivant seule. C'est même l'une des raisons pour lesquelles beaucoup d'adultes qui ne sont pas mariés cohabitent pour réduire les dépenses. Et ces charges mensuelles sont listées comme suit pour une personne lambda qui a un train de vie relativement moyen:

Logement appartement une chambre salon: 1.200$

Emplettes Nourriture: 150$

Facture Électricité: 60-100

Facture Eau: 20$

Facture Internet: 50$

Détente, Loisirs: 150$

Remboursement prêt de Voiture et assurance: 500$

Maintenance voiture et carburant: 200$

Je me rappelle que pendant ma première année en appartement, je ne payais que 15$ par mois à mon voisin d'en bas pour utiliser son wifi, la connexion passait très bien. LOL!

Toutes ces charges sont d'environ 2.400$ par mois. Et ce total annuellement fait 28.800$. Alors être payé au salaire minimum de 7,25$ par heure, ce qui fait par mois 1.160$ soit 13.920$ l'année avant les taxes ne permet même pas de couvrir la moitié des charges citées plus haut.

Pour pouvoir se permettre une vie décente sans recevoir une aide de l'État, il faut avoir un travail qui paye un minimum de 16$ l'heure après les taxes si on veut épargner au moins 100$ par mois. Et ces chiffres ont été calculés dans toute modestie possible; pour dire, en gros, qu'il est impossible de vivre seul sur salaire minimum. Les boulots de salaire minimum sont souvent lorsqu'on n'a aucun diplôme universitaire, pas fini le lycée et lorsqu'on a aucune expérience. Comme solution lorsqu'on aucun diplôme je dirai c'est de passer l'examen du GED *(expliqué plus haut dans la section éducation)* et d'obtenir des certificats au moins à défaut du diplôme de Bachelor ou de Master. Il faut même dire que certains certificats payent mieux que certains boulots avec le diplôme de Bachelor.

Le prix du carburant n'a fait que fluctuer ces deux dernières années. Au Texas, en avril 2020, il était à 1,56$ le gallon (1 gallon vaut 4,5 Litres environ), puis est passé à 2,79$ le gallon en septembre 2021 et en Juin 2022 le prix du carburant a atteint 4,55$ le gallon. Je vous laisse cogiter sur les raisons de cette fluctuation.

Ce que je peux dire, c'est qu'on a senti cette hausse de prix dans nos poches! Le pire c'est que ces prix mentionnés sont bas comparés à d'autres États. Eh oui, le prix du carburant varie d'État en État et même de ville en ville! En plus, le type de carburant dont je parle est le carburant économique le moins cher appelé "Regular", alors imaginez le prix du "Premium"! Quand il était à 4,55$ à Dallas TX en Juin 2022, en Californie il était à 6,17$, il était à 4,90$ à New York, 5,69$ à Chicago, à 4,77$ à Miami en Floride.

Voir tableau des fluctuations du prix du carburant pour le
Texas ci-dessous:

Texas Regular Conventional Retail Gasoline Prices

Texas Regular Conventional Retail Gasoline Prices

eia Source: U.S. Energy Information Administration

BOULOTS À CONSIDÉRER

Certaines industries payent mieux que d'autres et avoir ces informations lorsqu'on vient d'arriver peut faire toute la différence. Notre entourage n'est pas forcément bien informé. Cette partie est donc très importante, prenez note!

Il y a certains boulots ici qui ne demandent pas un grand nombre d'années d'études et qui permettent de bien gagner sa vie.

Dans le domaine médical nous avons:

• **Les infirmières:** avec une formation d'environ 4 ans pour le Bachelor ou 2 ans pour l'associate degree, le métier d'infirmier paye en général 73.300$ l'année et peut aller à plus de 100.000$. Les infirmiers aux USA jouent un grand rôle dans le soin et le suivi du patient. Ils administrent les médicaments, font passer tous les examens et diagnostics, supervisent les signes vitaux du patient, prennent note de tout antécédent médical et manipulent tous les équipements. En plus il y a des infirmières qui travaillent exclusivement pour un seul hôpital, il y en a certaines qui font des rotations, et d'autres qui sont indépendantes. Les infirmiers indépendants travaillent à leur propre compte et décident de leur emploi du temps; d'autres travaillent pour des particuliers c'est-à-dire qu'ils se déplacent de maison en maison.

• **Codeur médical:** la formation dure entre 9 à 18 mois et le salaire moyen annuel est de 55.000$ et peut aller jusqu'à 70.000$ au fur et à mesure de l'expérience acquise. Le codeur médical travaille dans le département de facturation dans un hôpital, ou dans le cabinet d'un docteur. Le patient paie après les soins et le codeur est chargé de consolider toutes ces charges médicales et envoyer à l'assurance pour recouvrement ou au patient. Tout est facturé ici. Par exemple, pour un accouchement par césarienne, l'anesthésie aura un code (un prix), séparé du prix de la chambre par nuit, des soins pré et postpartum et bien d'autres charges, tous ces codes accumulés constituent le total de la facture et le codeur se charge aussi de savoir à qui facturer tel pourcentage entre assurance et patient.

• **Technicien en phlébotomie:** ces techniciens sont chargés de prendre le sang du patient, d'annoter correctement le specimen avec le nom du patient et d'envoyer au laboratoire. La formation dure environ huit semaines et le salaire tourne autour de 43.000$ l'année.

Dans les autres domaines, nous avons:

• **Les Claims Adjuster:** ce sont ces personnes qui interviennent au nom de l'assurance lors d'un sinistre (accident, intempéries, etc...). Les Adjusters évaluent les dégâts, mènent les enquêtes pour vérifier l'effectivité des faits et déterminent la somme que l'assurance doit payer pour couvrir la perte. Il y a plusieurs types d'adjusters, ceux qui sont employés à plein temps dans une compagnie; leur salaire annuel peut aller jusqu'à 70.000$ en fonction de l'expérience. Et il y a les indépendants qui eux sont en contrat et sont embauchés par les grandes compagnies d'assurance lors d'une catastrophe, le personnel que ces compagnies ont à plein temps ne peut pas s'occuper de tous les cas quand un désastre touche toute une ville par exemple. Les indépendants peuvent se déplacer et leur salaire mensuel peut aller jusqu'à 10.000$. La formation dure quelques semaines, suivie d'un examen.

• **Agent immobilier (Real Estate Broker):** Les agents immobiliers réguliers aident à vendre, acheter ou louer une propriété en travaillant pour une maison mère: les Brokers. Le broker a donc des agents sous son aile, et lors d'une vente faite par ses agents, il récupère un pourcentage à chaque fois. Il est donc difficile d'estimer un salaire pour le broker, mais on peut retenir que c'est une industrie qui est beaucoup dynamique et très lucrative. La formation avec toutes les classes et examens peut durer environ deux ans.

• **Les Hôtesses de l'air:** Ce métier est une belle aventure pour ceux qui aiment voyager, découvrir de nouveaux pays. Le salaire annuel varie entre 64.446$ et 99.544$ avec une moyenne de 80.295$ l'année. La formation dure six mois.

• **Mécanicien d'avion:** Avec un salaire moyen d'environ 90.000$, le métier de mécanicien d'avion a toujours de beaux jours devant lui. C'est un secteur qui ne risque pas de disparaître maintenant. La formation dure 20 mois avant de passer l'examen et obtenir le certificat auprès de l'Administration Fédérale d'Aviation (FAA).

Dans le domaine de la Technologie, il y a beaucoup de certifications qui permettent de bien gagner sa vie au-delà de 120.000$ l'année. Pour une personne qui est fascinée de technologie qui s'y connait en programmation, Web Developer, en création d'applications, de codes. Scannez ce code QR pour accéder à ce site qui répertorie de manière exhaustive ces programmes.

Certificats lucratifs à considerer

Coursera, Udemy, SkillShare, Alison, edX, MasterClass, LinkedIn Learning sont des sites qui donnent accès à des formations gratuites ou à moindre coût. Croyez-moi, ajouter ne serait-ce qu'un certificat à son résumé permet de sortir du lot lors de la recherche d'emplois ici et partout même je dirai.

Et pour tous ceux qui ne voudront pas faire tout ça, il y a toujours des petits boulots à temps partiel, tel que tresser, conduire un Uber, faire les Doordash, faire du valet de voiture, du babysitting. Ces boulots sont généralement pour arrondir les fins de mois mais certains arrivent à en vivre si le travail est pris au sérieux, surtout dans le domaine des tresses.

Le piège des boulots trompeurs

Dans la quête de boulot, il y a une industrie qui n'hésite pas à tout faire pour attirer les postulants à leurs entretiens sans même savoir le boulot: l'Industrie de la Vente et du Marketing. Les annonces pour ces boulots arrivent à bien camoufler les vraies spécificités du boulot. Au lieu de mettre vendeur ou démarcheur, ils mettront Représentant de marque ou Coordinateur en Vente et Marketing ou Chargé de compte. En réalité, ces boulots demandent d'être dehors pour faire la promotion des business en étant payé par commission. Je ne dis pas que c'est chose impossible, mais dans ce domaine il est difficile de s'épanouir à mon avis en tout cas. J'ai deux exemples palpables à ce sujet; je me rappelle une année à une période creuse en vacances, je cherchais un boulot vite fait à Atlanta et j'étais tombée sur une annonce pareille en ligne. Je ne savais pas vraiment à quoi m'attendre, mais aventureuse et curieuse que je suis, je me jette à l'eau! J'arrive à l'entretien, le recruteur me pose que 2-3 petites questions puis me dit que je suis qualifiée et me propose de venir le lendemain pour un "shadowing" où le nouvel employé vient pour "observer" les anciens employés à l'œuvre et comprendre exactement le business. Le responsable me dit donc de venir en tenue professionnelle comme à l'entretien, c'est-à-dire veste tailleur. Le lendemain, pendant la première heure le superviseur ne faisait que booster l'équipe avec des slogans de motivations, d'encouragement, des cris de guerre. Je me croyais vraiment dans un camp!

On nous met ensuite en groupes de 4 à 5 personnes et on monte en voiture, direction le centre-ville. Je suis un peu hésitante parce que ma voiture reste au bureau, mais je pars quand même. Dès qu'on arrive sous un soleil de plomb, les collègues se mettent à aborder les gens dans la rue pour qu'ils fassent des dons à une ONG pour un projet de reboisement de la ville. J'étais toute stupéfaite de voir que lorsque ces passants disaient oui, "mes collègues agents" ne mentionnaient même pas que le don qu'ils faisaient allait être mensuel! Après seulement 15 minutes, surtout que j'étais en veste en talons sous un grand soleil, je commençai à poser beaucoup de questions sur le métier. Ils me répondaient vaguement que je devrais juste "observer". J'ai alors dit que ce métier n'allait pas être pour moi et j'ai demandé à ce qu'ils me déposent au bureau pour que je récupère ma voiture. Ils m'ont répondu qu'ils étaient en train de travailler et que ce n'était pas possible. J'ai pété un câble!

L'autre exemple ne me concerne pas, mais plutôt une proche qui a vécu pareille expérience dans la vente de couteaux de porte à porte!

Je n'essaie pas de ternir l'image de cette industrie ou décourager quiconque passionné de ventes, mais le problème est que ces compagnies ne sont pas directes sur le boulot en question parce qu'elles savent que le taux de démission est très élevé. Il faut donc faire attention aux annonces et aussi il est important de toujours faire des recherches sur le nom des entreprises, il y aura toujours des critiques faites par les anciens employés. Si la majorité des critiques sont négatives, il vaut mieux ne pas essayer ou y aller avec précaution.

Impôts

Il existe plusieurs types d'impôts: la taxe à l'achat, l'impôt sur le revenu, la taxe foncière, la taxe de sécurité sociale et Medicare. La taxe foncière est prélevée sur les maisons, les terrains et elle participe au financement du fonctionnement des écoles publiques. La taxe à l'achat est prélevée au moment de l'achat d'un article et sert à financer et entretenir les routes, la police, les pompiers etc. La taxe de sécurité sociale est prélevée sur votre salaire immédiatement et permet de financer les allocations aux handicapés, aux membres de la famille d'un travailleur et la taxe Medicare finance les frais de santé des personnes de plus de 65 ans. La condition pour être éligible à ces allocations est d'avoir travaillé au moins dix années dans le pays.

En plus, nous avons l'Impôt sur le revenu payé à l'État. Cette déclaration fiscale se fait à l'Administration fiscale appelée IRS (Internal Revenue Service).

Le système est fait en sorte que lors du calcul de la somme à payer ou à recevoir, toutes les dépenses sont déduites. Le gouvernement peut rembourser une personne qui paye beaucoup de taxes et qui a beaucoup de charges telles que les enfants. Pendant le mois de Janvier, l'employeur fait parvenir un document appelé w-2 où est inscrit le revenu total annuel du salarié. La saison des taxes commence fin Janvier jusqu'au 15 Avril chaque année. Sans être beaucoup technique sur le sujet, le système lorsqu'on fait entrer ses informations fait aussi le calcul en fonction du statut marital de l'individu et la tranche salariale dans laquelle il se trouve. Plus le revenu est élevé, plus on paye de taxes. Certaines "dépenses" sont remboursables à un pourcentage telles que les frais de déplacement pour le travail, des cours et certificats pris dans le cadre du travail, les factures d'internet, électricité si l'on travaille à partir de la maison.

Saviez-vous qu'aux États-Unis vous pouvez vous faire remcbourser un pourcentage de la somme que vous remettez à l'Église?

Les agences d'Impôts: Avantages et Inconvénients

Pour faire une déclaration fiscale, il est possible de le faire soi-même ou de passer par des agences spécialisées. Turbotax, H&R Block et même via le site de l'IRS sont des outils utilisés pour déclarer ses revenus soi-même. Il existe plus de 119.035 agences de préparations de taxes aux États-Unis. Le site officiel du service de l'État qui se charge des impôts (IRS) nous fait la liste des avantages et inconvénients d'utiliser une agence pour déclarer ses impôts. La charge initiale de leur prestation peut être élevée, mais ces agents permettent de gagner en temps et souvent en argent. Le processus est plus simple avec un agent; il suffit d'envoyer les documents qui montrent nos revenus annuels appelés w-2 pour les employés à plein-temps ou 1099-C pour les sous-traitants ou les personnes sous contrat à durée determinée, les employés à temps partiel. Les autres documents sont les reçus, documents d'assurances et d'investissement s'il y en a et l'agent s'occupe de tout. Les agents sont en mesure d'aider à répondre aux questions qu'on a sur les impôts et d'aider à trouver des méthodes pour suivre nos dépenses. Mais le plus gros problème des agences d'impôts est que certaines ne sont pas professionnelles. Il faut donc s'assurer de prendre en compte les témoignages des clients parce qu'ils ont accès à des infos personnelles très sensibles (numéro de sécurité sociale, revenu annuel, carte d'identité).

C'EST QUOI LE 401K ?

Un 401(k) est un régime d'épargne-retraite offert par les employeurs aux États-Unis, permettant aux employés de déduire une partie de leur salaire pour l'investir dans un compte fiscal avantageux dédié à la retraite. Les fonds accumulés sont généralement investis dans divers instruments financiers pour une croissance à long terme.

L'entreprise dans laquelle vous travaillez, vous accompagne dans votre épargne pour votre retraite. En effet, votre entreprise reverse à chaque fois, la même somme que vous épargnez par exemple, si l'employé contribue sur son compte 401(k) un montant total de 10.000$ l'année, l'entreprise reversera ce même montant sur ce compte, ce qui vous permet d'avoir une épargne de 20.000$ au total. Imaginez alors cette somme multipliée par 10 années, 20 années, 30 années. C'est pourquoi quand les employés trouvent un travail plutôt stable ou une entreprise dans laquelle ils se sentent bien et qui offrent toutes sortes d'avantages tels que le 401k match, beaucoup d'employés préfèrent y rester jusqu'à leur retraite.

Il y a plusieurs autres plans de retraite mais le 401k est celui adopté par les compagnies. Un individu avec ou sans emploi a la possibilité d'ouvrir ce genre de compte appelé les IRA qui veut dire compte de retraite individuel.

Par contre, si le compte n'est pas arrivé à maturité, c'est-à-dire à l'âge de la retraite qui est de 66 ans pour pouvoir retirer l'argent de la retraite il y a des pénalités à payer. Avant 66 ans les pénalités s'évaluent en fonction du nombre d'années restant avant d'atteindre les 66 ans. À partir de 62 ans, le bénéficiaire reçoit 75% de toute la somme accumulée pendant qu'il aura travaillé, à 63 ans 80%, à 64 ans 86.7%, et à 65 ans 93.3%. Entre 65 ans et 66 ans, le montant s'accroît au fil des mois!

LES SENIOR CITIZENS

Les personnes âgées ici appelées "senior citizens" vivent paisiblement et certains arrivent à s'offrir leur vie de rêve que pendant la retraite. Généralement les seniors citoyens déménagent dans des maisons pour personnes âgées où se trouvent beaucoup d'activités accommodées pour eux et cela leur permet d'avoir une vie sociale active au lieu d'être seul tout le temps. Ces maisons de retraite y sont à tous les prix du très grand luxe au confort standard. Les prix vont de 40.000$ à 1.000.000$ l'année.

Les Seniors aiment bien déménager en Floride qui est un endroit privilégié pour eux à cause de sa météo qui est si douce, il y fait en moyenne 22 degrés Celsius tout au long de l'année soit 72 degrés Fahrenheit.

AARP est l'**A**ssociation **A**méricaine des **P**ersonnes **R**etraitées. C'est également l'un des lobbies les plus puissants qui défend les droits de ses membres auprès du Congrès à Washington D.C. C'est une organisation à but non lucratif dont les membres sont des personnes âgées de plus de 50 ans. AARP compte plus de 40 millions de membres et son objectif principal est d'améliorer les conditions de vie des personnes âgées. Les membres bénéficient de réductions sur divers hébergements de voyage (billets d'avion, croisières à prix réduits, chambres d'hôtel à bas prix), ainsi que des réductions dans le domaine de la santé (réductions sur les médicaments, montures de lunettes, etc.) et dans le domaine de l'alimentation. Les avantages sont nombreux et vous pouvez trouver une liste exhaustive sur le site www.aarp.org. La cotisation annuelle s'élève à 16 dollars.

LA CULTURE DE LA "CORPORATE AMERICA"

Corporate America est un terme informel utilisé pour désigner toute entreprise aux États-Unis qui compte un grand nombre d'employés. En termes simples, travailler pour une entreprise qui possède des bureaux signifie travailler dans la Corporate America. Généralement, ces entreprises sont aménagées en espaces ouverts sur un étage entier d'un immeuble, avec tous les employés assis à de grandes tables, chacun dans sa propre station. Les responsables sont assis juste à côté et les supérieurs ont des bureaux vitrés répartis dans la pièce. La culture de l'espace ouvert (open space) a commencé à devenir populaire ces 50 dernières années, mais dès 1939, l'architecte renommé Frank Lloyd Wright a conçu le siège de SC Johnson en utilisant ce concept. Selon une étude réalisée en 1984, le concept de l'open space dans la Corporate America permet aux employés de travailler dans une atmosphère plus détendue et favorise une productivité accrue. D'après mon expérience de travail dans la Corporate America (dans mon cas, une grande entreprise de télécommunications), il est évident que la productivité est élevée, car tout le monde se surveille en permanence! Nous étions assis à des tables rondes divisées comme des parts de pizza. Je me souviens que ma responsable était assise à la table juste derrière nous, donc impossible de jouer au solitaire sur son ordinateur! Mais plus sérieusement, tout le monde se comporte de manière professionnelle et la communication est, il faut le dire, plus facile.

En commençant le boulot dans une grande compagnie, le but est d'avoir une promotion et de gravir les échelons au fur et à mesure. Mais ce que j'ai remarqué ici c'est que pour atteindre cet objectif, ce ne sera pas seulement la qualité du travail qui compte. Il y a aussi les affinités, est-ce que le boss s'entend bien avec toi, est-ce que tu es sociable? Es-tu le premier volontaire lorsqu'on attribue les projets? Je veux dire que la personnalité y est pour beaucoup, mais aussi le réseau. Un proche à moi travaillait déjà pendant des années pour une Corporate America dans le domaine de la finance, il maîtrisait son sujet et lorsque son manager direct ne travaillait plus dans l'entreprise, c'est lui qui faisait son boulot pendant plusieurs mois. Il a donc postulé pour le poste qu'il faisait déjà, mais la superviseur a rejeté sa demande et a préféré prendre quelqu'un de son équipe avec qui elle s'entendait le mieux. Il a vite démissionné après cet épisode!

Dans le monde professionnel américain, tes collègues deviennent des concurrents. Chacun essaie de se démarquer pour progresser, mais la compétition n'est pas toujours intense. Travailler dans ce milieu me dérangeait beaucoup au début. Je ne pouvais pas accepter les faux sourires, les faux compliments et cette sensation d'être un imposteur malgré mes compétences.

Au sommet de la hiérarchie d'entreprise de ces sociétés, on constate un manque évident de diversité parmi les mino-rités (les minorités sont les groupes ethniques autres que les personnes blanches) et les femmes. Cependant, j'ai été surprise par les réponses lorsque j'ai posé cette question dans mon enquête: 73,3% ont déclaré que les minorités surmontent avec succès les obstacles et progressent dans leur domaine, ce qui est encourageant à savoir.

Are minorities successfully overcoming barriers and advancing in your field?

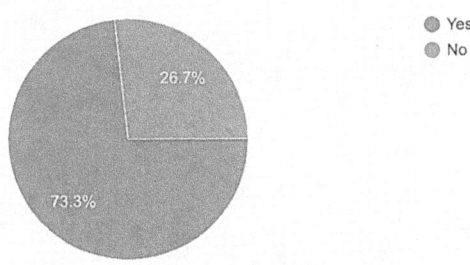

Résultat sondage. Question: est-ce que les minorités avec succès les obstacles et progressent-ils dans leur domaine?

Les femmes sont souvent marginalisées dans les compagnies même si la tendance change petit à petit. Jusqu'à présent, aux États-Unis la femme est moins payée que l'homme pour le même métier. Le plus difficile c'est qu'au travail, personne ne révèle son salaire, il est ainsi difficile pour la femme elle-même de le savoir et donc, de lutter pour sa cause. Le bureau officiel de Recensement a révélé pour l'année 2020 que pour chaque dollar à l'heure que l'homme fait, la femme se fait payer à 83 cents l'heure pour le même boulot. Les choses évoluent parce qu'en 1960 elles étaient payées à 60 cents par dollar.

Ce tableau montre plus en détails cette évolution.

Ratio of female vs. male wages
In 2020, women were paid 83 cents for every dollar in male wages

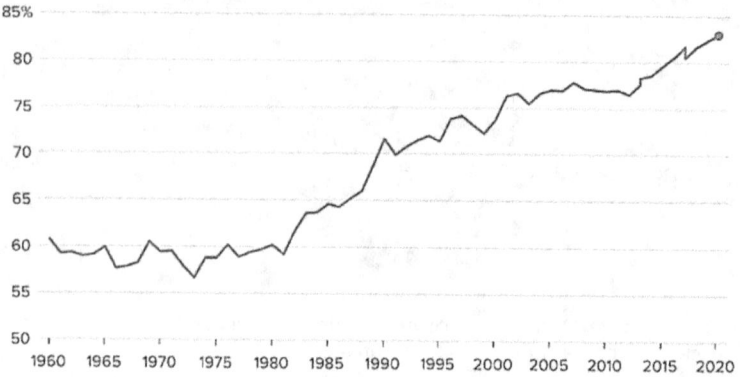

Note: Median earnings of full-time, year-round workers 15 years and older.
Source: U.S. Census Bureau, "Income and Poverty in the United States: 2020"

Ratio des salaires féminins et masculins

Le plus gros avantage de la Corporate America est le sens de stabilité qu'elle offre. Tu sais que toutes les deux semaines (ou chaque mois) si tu travailles, tu reçois ta même paye, ce qui permet de bien s'organiser financièrement. Le paquet d'avantages est aussi une bonne incitation.

Ces compagnies offrent:
- l'assurance médicale, vision et dentaire;
- Une assurance en cas d'invalidité;
- une contribution de l'employeur pour la retraite de l'employé (401k),
- 10 jours de congés payés après un an d'emploi, et le nombre de jours augmente au fur et à mesure;
- 7 à 10 jours de repos maladie après un an d'emploi,
- Le remboursement des frais d'études: si vous prenez des cours pour développer une compétence qui serait bénéfique au travail, vous pouvez vous faire rembourser les frais d'inscription; certaines compagnies vont jusqu'à rembourser les

dettes prises pour l'école pour leur diplôme généralement Master ou Bachelor.

• Si vous travaillez à partir de la maison, la compagnie peut rembourser la facture d'internet, électricité.

• Certaines compagnies sont en partenariat avec des gym, des assurances voitures, des garderies et donc, elles offrent des remises.

Tous ces avantages listés ne sont pas tous offerts par toutes les compagnies (sauf l'assurance médicale qui est obligatoire lorsqu'on est employé à plein temps), mais lors de l'embauche, le postulant a le droit de négocier son salaire et aussi d'obtenir une belle offre et beaucoup d'avantages. En tout cas, si la compagnie a vraiment besoin de vos compétences, elle y mettra tous les avantages en avant pour ne pas que vous résistez à l'offre.

LE MONDE DE L'ENTREPRENEURIAT

Selon la SBA (Small Business Administration) qui est l'administration qui s'occupe des petites et moyennes entreprises aux États-Unis, plus de 31 millions de personnes vivant ici sont entrepreneurs, ce qui représente 16% de la main-d'œuvre adulte. Dans cette tranche, 27% de ces entrepreneurs sont des femmes et 17% sont immigrants.

Comme on l'entend presque tout le temps, les USA sont un pays d'opportunités et il y a tellement de modèles de grande réussite! C'est pourquoi toutes ces personnes s'aventurent sur la voie de l'entreprenariat. Le magazine Forbes l'étaye dans l'un de ses articles: 85% des Américains les plus riches ont été des self-starters (entrepreneurs) à l'âge de 40 ans. En effet, aux États-Unis nous avons plus de 363 milliardaires qui sont entrepreneurs. Alors on peut le dire, le pays offre toutes les chances de le devenir.

Le Top 5 des industries où les entrepreneurs se lancent le plus est:

• Nourriture et Restauration (12%)
• Vente au détail (retail 11%)
• Service aux Entreprises (dans l'informatique / technologie) (11%)
• Santé, Beauté et Fitness (9%)
• Service Résidentiel et Commercial (7%)

Alors comment se lance-t-on? Quelles sont les étapes à franchir pour espérer vivre son rêve d'entrepreneur aux USA? Deux grandes étapes je dirai: enregistrer son business, ensuite foncer vers les opportunités.

Enregistrer son Business

EIN

Il faut déjà trouver un nom au business dans lequel on se lance et l'enregistrer gratuitement sur le site de l'IRS qui est le département qui s'occupe des impôts et redevances. En l'enregistrant, on obtient un numéro qui s'appelle en anglais Employer Identification Number qui veut dire en français numéro d'identification de l'entreprise. C'est avec ce numéro que le business pourra embaucher des employés, payer ses taxes, ouvrir un compte bancaire et je le répète ce numéro s'obtient <u>gratuitement</u> en moins de 5 minutes. Je trouve que cette étape est impérative.

Il faut aussi décider du format du business pour voir lequel parmi le DBA, LLC, C-Corp et S-Corp est le plus approprié.

DBA/ Sole Proprietorship

DBA veut dire" doing business as" qui en gros veut dire qu'un individu qui enregistre sa société mais utilise le nom XYZ comme nom de business. Avoir un DBA permet de ne pas utiliser son propre nom mais plutôt un nom de business ce qui est beaucoup plus professionnel. En fonction de l'État, le prix pour enregistrer le nom de son business auprès de son comté varie entre 15$ et 25$. Le DBA doit être renouvelé tous les 10 ans pour l'État du Texas et 5 ans dans l'État de Californie. En enregistrant ce nom au comté, on le sécurise pour ne pas que ce nom soit utilisé par une autre entité. Recommandé, le DBA n'est toutefois pas obligatoire pour démarrer une petite entreprise.

Le statut juridique et format du business qui utilise le

DBA est appelé Sole Proprietorship. Toute responsabilité en cas de perte revient au propriétaire.

LLC

En lieu du DBA, le LLC est un autre format qui est plus adapté à un business qui s'opère par plus d'une personne. LLC qui veut dire Limited Liability Company, limite les responsabilités du propriétaire et/ou de ses partenaires. Similaire à la SARL en Europe, la LLC permet au propriétaire de se détacher du business. En cas de dettes ou de poursuite judiciaire, la responsabilité revient au business et non au propriétaire.

Au Texas, le coût pour réserver le nom de la LLC avant de l'enregistrer complètement (ce qui est optionnel bien sûr et valide pour 160 jours) est 40$. Enregistrer le business en tant que LLC se fait dans le site du secrétariat de l'État et le prix s'élève à 300$. Beaucoup de personnes font l'enregistrement elles-mêmes et d'autres passent par des agents, des avocats et cela peut coûter beaucoup.

Les Corporations

Nous avons deux types de corporations: la C-Corp et la S-Corp. Semblable à la S.A (Société Anonyme), le format de corporation est dirigé par un conseil d'administration. Les corporations protègent également le propriétaire en cas de perte; les créanciers ne peuvent pas saisir les biens personnels du propriétaire. Dans la C-Corp, les membres ne paient les taxes que sur les profits qu'ils ont reçus, tandis que dans la S-Corp, les membres paient les taxes sur les revenus générés par l'entreprise, tout comme dans une LLC.

• • •

En plus d'enregistrer sa compagnie, en fonction du business dans lequel on se lance, il faut aussi avec d'autres licences et très important d'avoir une assurance (un Sales Tax id number aussi par exemple). *Les coûts des licences et de l'assurance varient en fonction du business, alors je m'abstiendrai de faire une spéculation.*

Aller vers les opportunités

Une chose que je dirai avec certitude est que les Américains ont beaucoup de respect pour les personnes qui travaillent. Dans ce sens, ils sont toujours prêts à aider lorsqu'ils sont sollicités. Il y aura toujours des exceptions à la règle, mais en lançant son business après avoir fait toutes ses recherches en ligne, lorsqu'on approche les personnes du secteur, on obtient les réponses à nos questions. Un entrepreneur qui a de la bravoure et qui est assez extraverti a plus de chances de succès dans le monde de l'entreprenariat. Il existe également un grand nombre d'entités gouvernementales et d'ONG qui ont été créées dans le seul but d'aider les débutants. La SBA, mentionnée précédemment, propose des ateliers, tout comme score.org, qui met en relation avec des mentors, et Liftfund, une ONG qui apporte son soutien aux entrepreneurs.

Pour toute personne intéressée à acheter directement un business déjà établi, ce QR Code vous mènera directement à un site qui vous donnera une idée des prix.

Site pour acheter des entreprises déjà
établies

Les États-Unis sont un pays d'opportunités, mais pour ceux qui le veulent. Comme partout ailleurs, ce sont ceux qui se donnent à fond qui réussissent. Comme l'adage le dit si bien, le monde appartient à ceux qui se lèvent tôt, que ce soit dans le cadre d'un emploi "9 to 5" ou de l'entrepreneuriat, peu importe la voie empruntée.

CHAPITRE 4
INFOS ESSENTIELLES

LE SYSTÈME DE SANTÉ

COVID-19

La pandémie de COVID-19 a fait bien de ravages partout dans le monde entier et les États-Unis ont été fortement touchés. Jusqu'en août 2022, il y a eu au total 92,7 millions de personnes infectées avec plus de 1,03 million de décès. Les États les plus affectés étaient la Californie, suivi du Texas et de la Floride, puis de New York. Je me souviens qu'au début, en voyant les nouvelles à la télévision des ravages en Asie, nous ne prenions pas cela très au sérieux. C'est en mars, lorsque les concerts et les grands tournois sportifs ont été annulés et que certains endroits ont fermé, que cette pandémie a commencé à prendre une autre tournure. Le jour où j'ai réalisé que la pandémie allait affecter ma vie, c'était dans un ascenseur, toujours au début du mois de mars. Nous étions quatre étrangers et une dame a éternué deux fois de suite. Sans rien dire, l'une des personnes dans l'ascenseur s'est éloignée d'elle, comme pour lui dire : "S'il te plaît, ne me contamine pas". Et étrangement, la dame a compris le message subliminal et a dit : "Ne vous inquiétez pas, ce ne sont que mes allergies". Je dois avouer que je n'étais pas convaincue du tout! Je vous assure que j'ai retenu ma respiration pendant le reste de la descente! Tout ce que je voulais, c'était sortir de cet ascenseur!

Mais plus sérieusement, tout le monde s'inquiétait en ville, les stations d'essence étaient bondées, et tout le monde faisait le plein (je ne sais pas vraiment où nous pensions aller, mais bon!). Les familles utilisaient même deux chariots dans les supermarchés. Le rayon des papiers toilettes avait été vidé dans tout le pays au point où c'était à la une du journal. Je ne comprenais pas du tout cette frénésie! J'ai même dû annuler un événement que j'organisais à l'époque.

L'ordre de rester à la maison a été déclaré autour de la mi-mars et pendant ces semaines c'était une expérience particulière. Je me rappelle que les seules fois où on sortait c'était pour aller faire des courses, toutes les rues étaient vides, tout le monde portait des gants et des masques. Les premiers jours du confinement, être connecté sur les réseaux sociaux était une grande distraction avec les danses et challenges! Ensuite c'était Netflix. Mais après quelques semaines on se demandait bien quand les restrictions prendraient fin et surtout quand la pandémie se terminerait. Moi qui vivais au Nord de Dallas du côté républicain, après les premières semaines, les habitants commençaient à sortir, à ne plus porter de cache-nez. C'était pareil en Floride, où les étudiants partaient toujours en vacances. Les images de "Spring Break 2020" avec la foule sur la plage et dans les rues de Miami m'étonneront toujours! Cet article du South Florida Sun Sentinel vous montre un peu de quoi je parle.

Images des congés de printemps 2020 en Floride

Pendant ce temps à New York City, les cas continuaient de grimper de façon très rapide vu la proximité des habitations. Jusqu'en août 2022 le nombre de cas de COVID-19 à New York City s'élève à plus de 2,77 millions, incluant plus de 41.322 décès et cela juste pour la ville de New York City. La situation était critique et nous qui avions de la famille dans d'autres pays, nous priions pour que cette pandémie prenne fin.

Beaucoup d'entreprises se sont bien adaptées à la situation. Walmart, le géant de la distribution, a mis en place des supermarchés sans caissières dans de nombreux magasins. Ils ont complètement modifié le système afin que chaque client puisse scanner ses propres articles et payer directement à la machine avec une carte ou en espèces. Quelques "associés", comme ils sont appelés, sont restés près de la caisse pour apporter leur aide en cas de besoin.

Les restaurants se sont aussi accommodés en pleine crise ; ils proposaient uniquement des commandes à emporter ou des livraisons. Lorsque le décret a été levé, ils ont d'abord autorisé les clients sur leurs terrasses, puis ont ouvert l'intérieur des restaurants avec un certain pourcentage de capacité dicté par la ville dans laquelle ils se trouvaient. Malheureusement, d'autres restaurants n'ont pas pu jongler avec tout cela et ont dû fermer définitivement.

Cependant, une chose qui a grandement aidé les entreprises pendant cette période était les fonds levés par le gouvernement pour les soutenir. Il y avait plusieurs types d'aides disponibles, la plus populaire étant destinée à aider les propriétaires à éviter de licencier les employés. Ce prêt non remboursable appelé PPP était accordé pour couvrir les salaires des employés pendant plusieurs mois.

Un autre fond disponible pour la population en général était appelé le "stimulus". En 2020 et 2021, nous avons reçu un total de trois chèques "stimulus". Tous ceux qui avaient déclaré leurs impôts et appartenaient à une certaine catégorie sociale (je ne suis pas exactement sûre des critères sur lesquels l'État s'est basé car ce n'était pas uniquement basé sur la classe sociale). Le site gouvernemental pandemicoversight.gov répertorie les trois paiements reçus par la plupart des résidents américains ayant déclaré leurs impôts.

- **Mars 2020:** 1.200$ par personne et 500$ par enfant (CARES Act)
- **Décembre 2020:** 600$ par personne et 600$ par enfant (Consolidated Appropriation Act)
- **Mars 2021:** 1.400$ par personne et 1.400$ par enfant (American Rescue Plan Act)

Ces "Acts" ont été approuvés au congrès. Les deux premiers décrets étaient sous le mandat du Président Trump et le troisième act sous le mandat du Président Biden.

Jusqu'à présent, certains vivent toujours les séquelles de cette pandémie. Malheureusement des business comme les salles de gym ont eu beaucoup de mal à s'en remettre. Les gens se sont adaptés en faisant du sport à l'extérieur, ou en achetant leur propre matériel pour rester à la maison. Cela est pareil pour les salles de cinéma, les plateformes comme Netflix et Hulu ont remplacé les salles. Certes, petit à petit les choses redeviennent "comme avant" mais le processus est lent si on demande aux propriétaires de ces entreprises.

Une industrie qui connaît en revanche un essor est l'aviation. Durant l'année 2021, plusieurs aéroports étaient bondés de monde et les compagnies aériennes ont été contraintes d'annuler des vols pendant les fêtes de Thanksgiving et de Noël. Le personnel n'était pas en nombre suffisant et les passagers se sont retrouvés bloqués à l'aéroport pendant plusieurs jours, en attendant des vols vers leurs destinations. On a assisté à de nombreuses scènes filmées de passagers en colère à qui on a demandé de quitter l'avion. Dans ces vidéos, les passagers, exaspérés par tous les problèmes liés à l'aéroport, ont perdu patience et se sont énervés envers d'autres passagers ou le personnel de bord.

Économiquement, la résilience de la population et les efforts fournis par le gouvernement ont permis au pays de très vite se relancer. Et le système qui a permis de booster cette relance est le télétravail. Le fait d'être dans le pays le plus industrialisé a permis aux entreprises de s'accommoder plus facilement. Jusqu'à aujourd'hui, beaucoup de compagnies sont restées dans le monde du télétravail et les employés aiment travailler à partir de la maison (moi y compris!). En effet, 74% des entreprises envisagent de faire basculer certains de leurs salariés en télétravail de façon permanente.

PENDANT LA PANDÉMIE, UN MÉDECIN DR FAUCI QUI ÉTAIT LE CONSEILLER MEDICAL EN CHEF DE LA MAISON BLANCHE, ÉTAIT CHARGÉ DE NOUS RELAYER TOUTES LES INFORMATIONS SUR LA MALADIE. DR FAUCI A ATTEINT UNE NOTORIÉTÉ SANS PRÉCÉDENT DUE AU CORONAVIRUS.

Les Différents Types d'assurance

Je ne dirai pas que les USA ont le meilleur système hospitalier comparé aux pays scandinaves mais un de ses principaux points forts est qu'un hôpital ici est obligé de soigner une personne en état d'urgence qu'importe les moyens de l'individu. Cela s'applique spécifiquement pour les "urgences", pas juste un petit bobo. Les soins hospitaliers coûtent très chers et donc avoir une assurance est primordial. Il y a plusieurs types d'assurance:

• **L'assurance travail.** L'employeur contribue à un pourcentage et le reste est déduit du salaire de l'employé mensuellement. Les coûts ne sont pas exagérément grands, la plupart des boulots où j'ai travaillé, ma contribution était de moins de 50$ par mois pour l'assurance santé. Pour l'assurance dentaire c'était moins de 10$ par mois et pour la vision moins de 10$ également. En plus, avec l'assurance du travail, on peut couvrir le/la conjoint(e) et les enfants jusqu'à l'âge de 26 ans à un montant additionnel bien sûr.

• **Les assurances privées** qui se vendent sur le marché (appelées marketplace insurance). Nous avons des milliers de compagnies d'assurance aux États-Unis. Elles ne sont relativement pas chères avec moins de 50$ par mois pour les moins de 40 ans (les prix grimpent au fil de l'âge), on peut avoir une assurance qui couvre environ 50% des frais médicaux. Il y a tout type de plan accommodé à la demande de l'assuré (bien sûr que le coût aussi est accommodé!).

· · ·

113

• **L'assurance de l'État.** Selon les statistiques santé du Centre National du CDC (centre de contrôle des maladies), environ 39,5% des personnes assurées le sont par le biais de l'assurance de l'État. L'État a subventionné plusieurs programmes pour les personnes n'ayant pas d'assurance.

• **Medicaid** est un programme qui donne l'assurance aux personnes de tout âge qui ont peu de moyens, il est subventionné par l'État Fédéral mais aussi l'état "state" où on vit. Pour obtenir le Medicaid il faut remplir une application et être approuvé. La plupart des cas qui sont les plus éligibles sont: les femmes enceintes, les enfants (via le programme CHIP Children's Health Insurance Program) et adolescents, les personnes âgées, aveugles ou qui ont un handicap mais aussi une personne lambda qui a peu de moyens. Lorsqu'une personne est acceptée dans le programme, l'État fournit une carte d'assurance et l'individu peut aller faire ses soins. La condition pour être éligible étant résident permanent est d'avoir résidé dans le pays pendant au moins cinq ans.

• **Medicare** est un programme pour les personnes âgées de 65 ans et plus et qui ont travaillé aux États-Unis pendant plus de 10 ans ou 40 trimestres. Il s'étend aussi aux personnes plus jeunes qui ont un handicap ou les patients de dialyse. Généralement gratuite, cette assurance peut coûter soit 274$ ou 499$ par mois en fonction du revenu. L'assuré peut payer 170$ par mois ou plus, mais tous ces prix varient selon l'éligibilité de chacun.

• **L'assurance des anciens combattants** qui les couvrent et le programme CHAMPVA qui couvre les membres de leur famille également.

• **Affordable Care Act** (ACA) qui se traduit comme la Loi pour les soins abordables communément appelé Obamacare a été érigé pendant le mandat du président Obama d'où le nom, pour les personnes qui se faisaient refuser l'assurance auparavant due à des conditions préexistantes de maladies et aussi par manque de moyens. Obamacare permet à plus d'une dizaine de millions de personnes d'être assurées et aussi les enfants de rester assurés sous l'assurance de leurs parents jusqu'à l'âge de 26 ans.

D'autres programmes d'assistance fédéraux sont:

-Le programme d'aide alimentaire appelé SNAP qui donne des coupons pour que les bénéficiaires puissent acheter des produits alimentaires (fruits, légumes, produits laitiers, viandes etc...). Pour plus d'infos visitez www.fns.usda.gov/snap

-Les services pour victimes de violence familiale. Ces victimes peuvent recevoir des logements de refuge ou des coupons SNAP. Pour plus d'infos visitez www.womenshealth.gov/violence-against-women

-L'aide provisoire aux familles dans le besoin (TANF) qui remet des fonds aux États pour qu'ils aident ces familles. Dans certains États, ces aides sont de l'argent remis directement aux familles. Pour plus d'infos visitez www.acf.hhs.gov/programs/ofa/programs/tanf

-L'assistance aux Immigrés invalides qui bénéficient du Medicaid, SNAP et à un revenu complémentaire de sécurité appelé Supplemental Security Income. Pour plus d'infos visitez www.socialsecurity.gov/ssi

Saviez-vous qu'il existe des assurances médicales pour les animaux domestiques? Pour les chiens, l'assurance est dans l'ordre de 30$ à 50$ par mois et l'assurance des chats entre 15$ et 30$ par mois!

Trouver un médecin

Pour trouver un médecin lorsqu'on est assuré, il est recommandé de chercher les docteurs qui sont dans le "réseau" de l'assurance. Par exemple, si j'ai besoin d'un spécialiste, je pars sur le site de l'assurance pour chercher un spécialiste qui n'habite pas loin de moi avec qui mon assurance collabore.

Avoir un docteur dans le réseau (in network en anglais) permet d'obtenir le maximum de réduction lorsqu'on doit payer notre portion. Tout dépend du type d'assurance mais certaines assurances peuvent demander de payer par exemple 20% ou une somme spécifique à chaque visite. Dans mon cas, mon assurance vision couvre ma visite chez l'ophtalmologue mais je dois débourser la somme de 15$ par visite et j'ai droit à soit une paire de lunettes ou des lentilles de contact par année mais je dois payer la somme de 50$.

Dans le cas où on décide de consulter un médecin qui n'appartient pas au réseau d'assurance, la facture qui revient à l'assuré est plus élevée. Pourquoi est-ce que ce système a été créé comme ça? Selon un article publié sur healthychildren.org, les compagnies d'assurance utilisent le système de réseau pour pouvoir prédire et contrôler les coûts des consultations et des procédures.

Il est recommandé en prenant rendez-vous chez le médecin de vérifier les informations de l'assurance pour s'assurer que le médecin est toujours en partenariat avec l'assurance parce que souvent les informations sur les sites des assurances ne sont pas mises à jour expressément.

Saviez-vous que les médecins surtout les spécialistes (les avocats aussi d'ailleurs) faisaient de grandes pancartes publicitaires dans la ville pour le marketing de leurs cabinets?!

Pancarte publicitaire d'un médecin / Source: Sovereign Health System

Les hôpitaux aux USA sont super bien organisés et que ce soit au public ou au privé, une visite se fait par rendez-vous et la plupart des hôpitaux ont un site internet qui fonctionne où le patient a accès à toutes ses informations en ligne.

Accoucher aux États-Unis

L'une des étapes importantes est de trouver le médecin qui sera chargé du suivi de la grossesse et aussi de l'accouchement. Pendant les derniers mois de grossesse, le plan d'accouchement sera établi avec le médecin et il est vivement recommandé de se pré-enregistrer dans l'hôpital pour éviter de le faire le jour de l'accouchement parce que la démarche peut être longue. En étant pré-enregistré, vous recevrez même une visite guidée, de sorte que le jour-j, il n'y ait pas à s'inquiéter de tout cela. L'hôpital où j'ai accouché était super moderne, les infirmières étaient aux petits soins et je n'ai vu mon médecin que pendant la dernière heure avant le moment spécial, mais je me sentais tout de même bien entourée. Je suis restée au total cinq jours à l'hôpital, deux jours avant l'accouchement et trois jours après pour mon suivi et celui du bébé parce que c'était une césarienne. Mon assurance a couvert presque toutes les charges et le total de la facture était autour de 25.000$. Et oui! Les césariennes tournent autour de ce prix qui inclut la procédure, l'anesthésie, le séjour dans la chambre, la nourriture, les médicaments enfin tous les soins.

Sur le site de l'hôpital où j'ai accouché, on trouve une section d'estimation des coûts de leurs différentes procédures sans assurance.

Estimate for Cesarean Section W Sterilization W Cc

You Pay

$13,790

Subtotal ⓘ	$19,700
Discount ⓘ	-$5,910

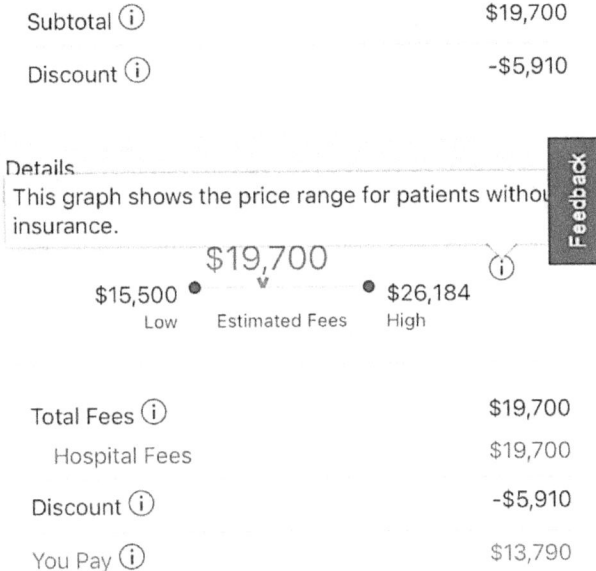

Details

This graph shows the price range for patients withou insurance.

$19,700

$15,500 ●   v   ● $26,184   ⓘ

Low   Estimated Fees   High

Total Fees ⓘ	$19,700
Hospital Fees	$19,700
Discount ⓘ	-$5,910
You Pay ⓘ	$13,790

Estimation d'une Césarienne

Estimate for Normal Newborn

You Pay

$3,097

Subtotal ⓘ	$4,424
Discount ⓘ	-$1,327

Details

$4,424

$2,621 ● —————v————— ● $6,190   ⓘ

Low   Estimated Fees   High

Total Fees ⓘ	$4,424
Hospital Fees	$4,424
Discount ⓘ	-$1,327
You Pay ⓘ	$3,097

Feedback

Estimation accouchement par voie naturelle 1 (sans complications ni
médicaments contre les douleurs)

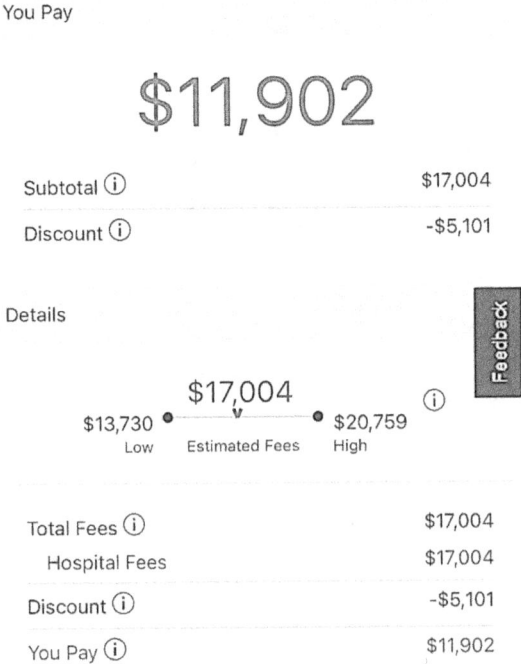

Estimate for Vaginal Delivery W/O
Sterilization/Dc W/O Cc/Mcc

You Pay

$11,902

| Subtotal ⓘ | $17,004 |
| Discount ⓘ | -$5,101 |

Details

$17,004
$13,730 ● ——————— ● $20,759   ⓘ
Low   Estimated Fees   High

Total Fees ⓘ	$17,004
Hospital Fees	$17,004
Discount ⓘ	-$5,101
You Pay ⓘ	$11,902

Estimation accouchement par voie naturelle 2 (sans
complications majeures)

IL FAUT NOTER QUE TOUTES LES INFORMATIONS DANS CETTE
SECTION NE SONT QU'À TITRE INFORMATIF ET NE SONT QUE DES
ESTIMATIONS. LES PRIX PEUVENT VARIER EN FONCTION DE
PLUSIEURS CAS DE FIGURE.

Voici en détails les charges pour la procédure dans le cas d'une césarienne

frais couverts par l'assurance

Charges

Svc Dt	Service Code	Description	Qty	Amount
09/20/2021	200095035	PRIVATE ROOM - OBSTETRICS	1	$1,805.00
09/20/2021	330001537	LAB HIGH PROD COVID TEST	1	$136.25
09/20/2021	330001565	HOPD COVID-19 SPEC COLLECT	1	$58.75
09/20/2021	330001596	INFEC AGEN DETEC AMPLI PROBE	1	$45.50
09/20/2021	330009080	Insertion of needle into vein for collection of blood sample	1	$33.50
09/20/2021	330020506	Complete blood cell count (red cells, white blood cell, platelets), automated test	1	$191.50
09/20/2021	330058292	Analysis for antibody, Treponema pallidum	1	$190.25
09/20/2021	330060060	Screening test for red blood cell antibodies	1	$254.50
09/20/2021	330060480	Blood group typing (ABO)	1	$221.00
09/20/2021	330060500	Blood typing for Rh (D) antigen	1	$101.50
09/20/2021	330077530	Detection test for Hepatitis B surface antigen	1	$282.50
09/20/2021	330087389	Detection test for HIV-1 and HIV-2	1	$291.50
09/20/2021	350000548	Ultrasound of fetus	1	$668.50
09/20/2021	370010042	Emergency department visit, problem with significant threat to life or function	1	$2,266.50
09/20/2021	RX636250	DINOPROSTONE 10 MG INER	1	$1,508.07
09/20/2021	RX636258	LACTATED RINGERS SOLP 1,000 ML BAG	1	$50.00
09/21/2021	200095035	PRIVATE ROOM - OBSTETRICS	1	$1,805.00
09/21/2021	301000080	RECOVERY PHASE I 1ST HOUR	1	$1,055.75
09/21/2021	301000081	RECOVERY PHASE I EA 30 MINS	2	$1,002.50
09/21/2021	301097403	Cesarean delivery	1	$3,126.00
09/21/2021	301097406	LABOR 1ST 12 HR	1	$3,420.50
09/21/2021	302022490	ANES OB MONITOR EPIDURAL	1	$482.75
09/21/2021	302030107	ANES REGNL 1ST 15 MINS	1	$612.25
09/21/2021	302030108	ANES REGNL ADDL 15 MINS	2	$331.00
09/21/2021	302030109	ANES OB EPIDURAL	1	$438.75
09/21/2021	304509990	DRSNG TEGADERM 4X10" TRANSPARENT	1	$5.00
09/21/2021	304509990	DRSNG TEGADERM 4X10" TRANSPARENT	1	$5.00
09/21/2021	304591381	TRAY PERIFIX TUOHY LOR 17GX3.5	1	$97.00
09/21/2021	330088307	Pathology examination of tissue using a microscope, moderately high complexity	1	$550.75

Svc Dt	Service Code	Description	Qty	Amount
09/21/2021	RX250	BUPIVACAINE PF 0.25 % (2.5 MG/ML) SOLN	1	$10.00
09/21/2021	RX250	LIDOCAINE PF 10 MG/ML (1 %) SOLN	1	$10.00
09/21/2021	RX250	LIDOCAINE-EPINEPHRINE PF 1.5 %-1:200,000 SOLN	1	$11.40
09/21/2021	RX250	LIDOCAINE-EPINEPHRINE PF 2 %-1:200,000 SOLN	1	$28.67
09/21/2021	RX250637	HYDROCODONE-ACETAMINOPHEN 7.5-325 MG TAB	1	$2.00
09/21/2021	RX250637	MISOPROSTOL 25 MCG TAB	1	$8.38
09/21/2021	RX250637	ZOLPIDEM 5 MG TAB	1	$1.00
09/21/2021	RX636250	ACETAMINOPHEN 1,000 MG/100 ML (10 MG/ML) SOLN	100	$184.60
09/21/2021	RX636250	AZITHROMYCIN 500 MG SOLR 1 EACH VIAL	1	$15.00
09/21/2021	RX636250	CEFAZOLIN 1 GRAM SOLR	4	$30.00
09/21/2021	RX636250	FENTANYL PF 50 MCG/ML SOLN 2 ML VIAL	1	$12.50
09/21/2021	RX636250	FENTANYL PF 50 MCG/ML SOLN 2 ML VIAL	1	$12.50
09/21/2021	RX636250	FENTANYL PF 50 MCG/ML SOLN 5 ML VIAL	3	$12.50
09/21/2021	RX636250	KETOROLAC 30 MG/ML (1 ML) SOLN	1	$10.00
09/21/2021	RX636250	MORPHINE PF 1 MG/ML SOLN 10 ML AMPUL	1	$121.63
09/21/2021	RX636250	ONDANSETRON 4 MG/2 ML SOLN	4	$10.00
09/21/2021	RX636250	OXYTOCIN IN LACTATED RINGERS 30 UNIT/500 ML SOLN	3	$50.00
09/21/2021	RX636250	OXYTOCIN IN LACTATED RINGERS 30 UNIT/500 ML SOLN	3	$50.00
09/21/2021	RX636250	ROPIVACAINE PF 2 MG/ML (0.2 %) SOLN	110	$89.00
09/21/2021	RX636258	LACTATED RINGERS SOLP	1	$50.00
09/21/2021	RX636258	LACTATED RINGERS SOLP	1	$50.00
09/21/2021	RX636258	LACTATED RINGERS SOLP	1	$50.00
09/21/2021	RX636258	LACTATED RINGERS SOLP	2	$100.00
09/21/2021	RX636258	LACTATED RINGERS SOLP 1,000 ML BAG	1	$50.00
09/21/2021	RX636258	NORMAL SALINE SOLP 250 ML FLEX CONT	1	$50.00
09/21/2021	S270NOCPT	SLEEVE SCD CALF VASOPRESS GRN MD UP TO 18"	1	$33.00
09/21/2021	S272A6212	DRSNG MEPILEX AG POST-OP 4X10	1	$95.00
09/21/2021	S272NOCPT	ADHES SKIN DERMABOND ADV	1	$68.00
09/21/2021	S272NOCPT	STAPLER SKIN INSORB SUBCUT	1	$178.00
09/21/2021	S272NOCPT	SUTR PLAIN 2-0 CT-1 27" 843H	1	$10.00
09/21/2021	S272NOCPT	SUTR VICRYL 0 CTX 36" J370H	4	$22.00

Svc Dt	Service Code	Description	Qty	Amount
09/21/2021	S272NOCPT	SUTR VICRYL 2-0 CT-1 27" J259H	1	$6.00
09/21/2021	S272NOCPT	TRAY FOLEY SURSTP W/MTR LUB 16FR	1	$69.00
09/21/2021	S274L0625	BINDER ABD 9" 46-62" MD/LG	1	$24.00
09/22/2021	200095035	PRIVATE ROOM - OBSTETRICS	1	$1,805.00
09/22/2021	330009080	Insertion of needle into vein for collection of blood sample	1	$33.50
09/22/2021	330020804	Red blood cell concentration measurement	1	$89.50
09/22/2021	330020904	Hemoglobin measurement	1	$89.50
09/22/2021	402900039	99214 EST PATIENT E&M LVL IV	1	$176.75
09/22/2021	RX250	SODIUM CHLORIDE SYRG	1	$10.00
09/22/2021	RX250637	IBUPROFEN 800 MG TAB	1	$1.00
09/22/2021	RX250637	IBUPROFEN 800 MG TAB	1	$1.00
09/22/2021	RX250637	SIMETHICONE 80 MG CHEW	1	$1.00
09/22/2021	RX636250	KETOROLAC 30 MG/ML (1 ML) SOLN	1	$10.00
09/22/2021	RX636250	KETOROLAC 30 MG/ML (1 ML) SOLN	1	$10.00
09/23/2021	RX250637	DOCUSATE SODIUM 100 MG CAP	1	$1.00
09/23/2021	RX250637	HYDROCODONE-ACETAMINOPHEN 5-325 MG TAB	1	$2.00
09/23/2021	RX250637	HYDROCODONE-ACETAMINOPHEN 5-325 MG TAB	2	$4.00
09/23/2021	RX250637	HYDROCODONE-ACETAMINOPHEN 5-325 MG TAB	2	$4.00

Total charges: $24,799.50
Total payments and adjustments:

SUMMARY OF CHARGES	$24,799.50
SUMMARY OF PAYMENTS	$0.00
SUMMARY OF ADJUSTMENTS	$0.00
HOSPITAL ACCOUNT BALANCE	**$24,799.50**

Le suivi postpartum est fait une semaine après, ensuite 1 mois pour la mère et pour l'enfant chaque mois les quatre premiers mois ensuite chaque deux à trois mois pendant la première année. Aussi, la mère après quelques mois, doit faire un test de détection de dépression. Ce que je trouve être une belle initiative parce que la dépression est toujours tabou dans nos sociétés et surtout pour une nouvelle mère.

Le médecin recommande aussi des groupes de soutien surtout pour les nouvelles mères où elles partagent leurs expériences avec d'autres mères et s'encouragent entre elles. Ce support est très bénéfique et gratuit en plus, il y a des groupes de soutien en ligne tout comme physique.

S'ACHETER UNE MAISON

MODALITÉS DE PAIEMENT

Payer Cash

S'acheter une maison aux USA peut être fait par trois méthodes: payer la totalité de la maison en espèces, louer jusqu'à en devenir le propriétaire ou avoir un mortgage.

Selon le rapport sur les tendances du logement des consommateurs de Zillow, pour l'année 2021, 32% des achats de maison se sont faites en espèces. Et ce pourcentage s'est accru de 2020 à 2021 (28% en 2020). Selon un rapport de l'Association des Agents Immobiliers (NAR), dans l'État de Floride, plus de la moitié des acheteurs de deuxième maison l'ont fait en payant cash en 2021. Acheter une maison tout en espèces a ses avantages, déjà l'offre d'achat proposée par l'acheteur peut être nettement plus basse que les offres des autres acheteurs et cette offre peut être celle acceptée parce que le vendeur sait que la transaction est plus rapide et pas besoin d'attendre l'agrément d'une quelconque banque donc plus facile. Acheter en cash permet aussi d'éviter les taux d'intérêt.

Il est évident que tout le monde n'a pas les moyens de payer une maison comptant, étant donné que les prix moyens des maisons se situent généralement entre 300.000 et 400.000 dollars.

Rent-to-own

La location avec option d'achat est une solution pour les personnes qui aimeraient acheter une maison, mais n'ont pas tous les pré-requis pour obtenir un crédit à la banque immédiatement. Le locataire paie son loyer normalement et un pourcentage de ce loyer (25% en général) est utilisé comme acompte pour le paiement de la maison. La location avec option d'achat a deux modèles qui sont juridiquement contraignants: la location-achat qui oblige le locataire à acheter la maison à la fin de son contrat de bail; et la location-option qui donne comme option de le faire mais sans obligation. Si à la fin du contrat de bail, le locataire ne veut plus acheter la maison avec la location-option, il peut simplement partir mais, il perd l'acompte prélevé qui allait être utilisé pour l'achat. Il faut ajouter aussi que le locataire est chargé de toutes les réparations dans la maison et non le propriétaire.

Alors cette option de location avec option d'achat est délicate pour rester dans l'euphémisme et donc, il est important de bien lire le contrat avant de signer tout document et je dirai même de prendre un avocat pour aider à mieux comprendre le contrat.

Le Prêt hypothécaire: le Mortgage

La méthode la plus populaire pour s'offrir une maison est l'emprunt à la banque en passant par le mortgage. C'est quoi un mortgage au fait? Ça se traduit comme un prêt hypothécaire, et c'est un emprunt qui aide les personnes à acheter une maison en empruntant de l'argent auprès d'une banque et en utilisant la maison comme garantie.

Lorsqu'une personne veut emprunter de l'argent pour acquérir un bien, le créancier (la banque ou une société hypothécaire) demande un gage pour s'assurer qu'elle paiera le crédit, alors l'emprunteur met en gage la propriété même qu'il essaie d'obtenir. Techniquement, cette maison appartient au nouveau propriétaire mais en cas de défaut de paiement de crédit, le créancier a le droit de saisir la maison. Ainsi, en réalité, la maison appartient à la banque jusqu'au remboursement de la dette. Ce système de garantie s'applique sur d'autres biens tels que les bateaux, voitures et nous nous étalerons sur le crédit dans quelques chapitres à venir.

En utilisant la méthode mortgage, le nouveau propriétaire aura payé juste une portion (appelé down payment) qui est généralement moins de 10% du prix total de la maison de sa propre poche et le reste de l'argent viendra de la banque qui paiera tout au vendeur. Il y a bien sûr un taux d'intérêt à payer qui peut s'élever à 7% mais la moyenne est de 5.5%. Le temps moyen de paiement du mortgage est 30 ans, mais il y a aussi l'option de paiement en 15 ans qui réduit le taux d'intérêt et augmente bien sûr le montant à payer chaque mois à la banque. En plus du Down Payment à payer, l'acquéreur doit payer des frais de clôture (closing costs).

AGENT IMMOBILIER OU PAS?

L'assistance d'un agent immobilier nous permet non seulement de trouver la maison idéale, mais aussi de naviguer aisément dans le processus hypothécaire et l'ensemble de la procédure. En plus, la personne qui cherche à acheter une maison n'est pas celle qui paye directement l'agent immobilier. En effet, l'agent reçoit une commission du vendeur. Ainsi, la majorité des acheteurs optent pour s'offrir les services des agents.

On peut utiliser aussi un agent immobilier lors d'une location et pas seulement lors d'un achat. Le même système s'applique, l'agent n'est pas payé par le locataire mais plutôt l'entité qui loue (propriétaire). Je me rappelle avoir utilisé les services d'un agent immobilier pour nous aider à trouver un appartement à louer en plein centre-ville. Nous avions fait recours à l'agent parce qu'on habitait loin du centre-ville et nous pouvions faire des visites que pendant le week-end, en plus l'agent connaît bien la zone, le quartier et donc ça nous gagne en temps parce que les endroits qu'on visitait étaient spécifiques à notre demande.

DOCUMENTS À FOURNIR

Lors de l'achat d'une maison, les documents à fournir sont beaucoup plus extensifs pour le mortgage que pour l'achat cash par exemple. Mais les documents importants que la banque et le vendeur demandent sont majoritairement les preuves de revenu, que l'on peut effectivement repayer la dette. La banque demande les relevés bancaires de trois mois (ou six mois), les relevés de placement s'il y en a, les copies des récentes déclarations de revenus (tax returns), une preuve que l'on travaille et une vérification de bon crédit parce que plus votre taux de solvabilité est bon, moins d'intérêt vous payerez.

En fin de compte, s'offrir une maison aux États-Unis fait partie du rêve de beaucoup d'Américains. Essentiellement, la meilleure méthode pour atteindre cet objectif est de travailler sur le profil de crédit, ce qui déterminera la somme maximale que la banque peut prêter. Aussi, avoir une certaine constance de vie aidera, un travail stable où chaque entrée mensuelle est fixe.

Il est vrai que chercher à acheter une maison est un processus long et rempli de rebondissements, mais avoir un agent immobilier facilitera grandement cette tâche. Terminons cette section en soulignant l'importance du quartier dans lequel se trouve la maison. Comme mentionné précédemment lorsque nous avons abordé le système éducatif, les enfants fréquentent généralement les écoles publiques de leur communauté (à moins qu'ils n'aillent dans des écoles privées). Les "bons" quartiers offrent souvent plus d'activités scolaires pour les enfants, et c'est un élément à prendre en compte. De plus, l'emplacement de la maison joue un rôle crucial dans la détermination de sa valeur dans les décennies à venir. Si le quartier est en déclin, la valeur de la maison peut diminuer considérablement. Il est important de noter que les nouveaux acheteurs préfèrent souvent les nouvelles constructions dans les quartiers émergents, car cela garantit que la valeur de la maison augmentera au fil des années.

TYPES DE LOGEMENTS

Les différents types de logements sont:

-Les maisons appelées **"single-family home"** parce qu'elles ne partagent aucun mur avec un voisin. La plupart de ces maisons sont situées dans des quartiers composés de maisons similaires. Les résidents se regroupent en associations (appelés HOA) et assurent l'entretien du quartier. Ils ont aussi un programme appelé Neighborhood Watch où ils surveillent le quartier et appellent la police dès qu'il y a une suspicion d'activités louches.

Un quartier résidentiel / Source: RoschetzkyIstockPhoto - Getty Images

- Les **townhomes** sont des maisons qui partagent certains murs avec les voisins. Elles ont généralement un garage, un petit jardin, un balcon et celles qui sont construites à 3-4 niveaux offrent souvent un rooftop aménagé.

Townhomes / Source: bauhaus1000 - Getty Images Signature

-Les **appartements** sont gérés par des compagnies qui assurent la maintenance du complexe, elles récupèrent aussi le loyer mensuel qui est payé directement en ligne sur leur site. Les complexes d'appartements offrent désormais de nombreuses commodités telles qu'une piscine avec des barbecues, une salle de sport, une salle d'étude et de réunion, ainsi qu'une salle de jeux et de détente accessibles à tous les résidents de l'appartement.

Un immeuble d'appartements / Source: hanohiki - Getty Images Pro

LES GATED COMMUNITIES

Ce sont des quartiers résidentiels qui sont fermés au public et qui ont à l'entrée un poste de sécurité qui vérifie l'accès de toutes les voitures entrant. Les visiteurs doivent avoir une pièce d'identité, ensuite le gardien vérifie qu'ils sont sur la liste et si non, l'agent appelle le resident qui reçoit pour valider l'accès. Ces communautés ont de grandes maisons à l'intérieur et l'intimité est le but recherché. Pour les communautés les plus opulentes (avec maison à plus d'un million de dollars) on y trouve des terrains de golf, de tennis, des piscines, des salles de spa et même des restaurants et des bars. Ce genre de communautés développe le networking entre résidents surtout qu'ils sont tous du même rang social.

Entrée quartier résidentiel privé / Source: marchello74 - Getty Images

PARLONS DE VOITURES ET DE CONDUITE

Le Permis de Conduire: Processus d'obtention

Le permis de conduire s'obtient en deux étapes. Il faut passer un examen écrit et un examen pratique de conduite. Pour l'examen écrit, je vais prendre l'exemple du Texas, car c'est dans cet État que j'ai obtenu mon permis. Tout d'abord, il est nécessaire de s'inscrire et de suivre des cours en ligne d'une durée totale de 6 heures avant de passer l'examen, qui se déroule également en ligne. Ces cours de 6 heures coûtent environ 25$ et consistent en des vidéos descriptives accompagnées de textes, divisées en modules. On ne peut pas passer les vidéos en arrière-plan et faire autre chose, car elles sont interactives. À chaque module, il y a de petits tests auxquels on est obligé de participer en suivant et en cliquant. Le site www.idrivesafely.com propose ce service, et l'examen comporte 30 questions, dont 15 portant sur les panneaux routiers et 15 autres sur le code et les règles de la route. Pour réussir l'examen et obtenir le certificat, il faut obtenir au moins 70%. Cela signifie qu'il faut répondre correctement à au moins 21 questions sur les 30 posées.

La prochaine étape consiste à prendre rendez-vous au Département des véhicules motorisés (DMV) et à s'y rendre pour payer les frais afin d'obtenir la carte temporaire, qui s'élève à 16$. En plus des frais, il est nécessaire de se munir d'une pièce d'identité (pour les immigrants, un document prouvant la légalité du statut sur le territoire est également requis). Une preuve de résidence est également nécessaire (cela peut être une facture d'électricité, par exemple). Le jour de la visite au DMV, il faut également passer un test de vision et remplir une demande. La carte est ensuite envoyée à notre adresse dix jours plus tard. Cependant, avec le reçu délivré ce jour-là, on est autorisé à conduire sous la supervision d'un adulte titulaire du permis de conduire. Conduire avec un permis "learner" sans la supervision d'un adulte, peu importe l'âge, constitue une infraction.

Pour un adolescent, le permis "learner" est valide jusqu'à ses 18 ans. Pour les adultes, le permis "learner" est valide pendant 3 mois. Cette période de validité du permis "learner" est destinée à l'apprentissage de la conduite et à l'assimilation du code de la route, qui peut différer d'autres pays. Pour apprendre à conduire ici, on peut le faire avec ses parents ou des proches, ou bien passer par une auto-école approuvée pour les adolescents. Les prix varient de 95$ à 150$ pour les adolescents et de 45$ à 75$ pour les adultes dans ces établissements d'apprentissage.

La dernière étape est de prendre un autre rendez-vous et passer le test de conduite avec un moniteur. Avant de monter en voiture, il faut avoir tous ces documents d'inscription, ses 25$ de frais, mais aussi la preuve d'assurance de la voiture qu'on envoie pour passer le test; et oui! c'est le postulant qui vient avec une voiture pour passer le test dans celle-ci, le département DMV ne fournit pas de véhicules pour les tests. Les moniteurs sont très directs et ne sont pas là pour faire la causette, ils évaluent tous les faits et gestes et l'un des points essentiels auxquels les moniteurs prêtent beaucoup d'attention est le stationnement parallèle. Si l'on cogne les cônes plusieurs fois en faisant le créneau, le moniteur peut faire échouer l'examen et on a droit à le repasser deux autres fois pendant les 3 mois qui viennent sans frais additionnels.

Prendre rendez-vous au DMV est la seule manière efficace de pouvoir obtenir un service rapide dans le département. Si on ne prend pas de rendez-vous et qu'on se sent chanceux, il faut arriver au moins à 6h pour être dans le rang et attendre jusqu'à l'ouverture qui est 8h. À 8h un agent donne le nombre de personnes qu'ils peuvent accueillir sans rendez-vous, ce qui n'est généralement qu'une petite dizaine. Depuis la pandémie, les rendez-vous disponibles sont 2 à 3 mois d'attente dans le calendrier du site officiel.

Pour ceux qui viennent aux États-Unis avec déjà un permis de conduire international, il est valable pour 3 mois et après ça il est possible de l'échanger contre le permis de conduire de l'État sans avoir à refaire le test de conduite mais cela dépendra des lois de chaque État.

Voiture: Location ou Achat?

La plupart des premières voitures que l'on prend sont achetées cash et en deuxième main. Ce sont des petites voitures qui coûtent environ 3.000$ à 4.000$. Ces voitures sont peu fiables parce qu'elles ont souvent des pannes. Je me rappelle de ma toute première voiture ici, elle était dans cette tranche de prix, une Suzuki Forenza blanche, la voiture avait déjà plus de 6 ans quand je la prenais; et c'était en 2013. Pendant ces deux années, j'ai connu beaucoup de termes mécaniques que j'ignorais à cause de toutes les pannes! La voiture m'avait laissée plusieurs fois en route à cause de la courroie de distribution. Mais il faut aussi dire que ma petite Suzuki m'a sauvé des marches pour l'école et m'évitait de demander à mes amies de m'accompagner faire mes courses. Pour trouver une bonne voiture d'occasion dans cette tranche, il faut s'y connaître en voiture ou faire une inspection par un mécanicien avant d'acheter. Certaines personnes arrivent à faire beaucoup plus d'années avec leur "petite" voiture parce qu'elle est bien entretenue.

Les locations de véhicules à long terme sont très populaires ici. Les paiements mensuels des locations sont moins élevés. Les voitures de location sont très récentes, donc le locataire n'a pas à s'inquiéter des pannes et des réparations.

Cependant, le hic est que la voiture ne lui appartient pas et qu'il doit la rendre par la suite. Les locations sont généralement d'une durée de 1 an à 5 ans. Certains après le contrat reprennent un autre véhicule de location.

Pour l'achat, on peut soit payer en entier en cash ou soit acheter à crédit en utilisant le même système de crédit à la banque comme pour une maison. La banque demandera des preuves de revenu aussi et donnera le prêt tout en ayant comme gage le véhicule en question avec intérêt. Le taux d'intérêt varie en fonction du crédit et peut être entre 5% à 20%. Donc, au cas où l'emprunteur n'arrive pas à payer ses dus mensuels après deux mois de non-paiement, la banque a le droit de saisir la voiture.

Les voitures toutes neuves au standard moyen vont dans l'ordre de 20.000$ à 30.000$; et au fur et à mesure les prix augmentent.

VOITURES	MONTANT
TOYOTA COROLLA 2022	$20,425
TOYOTA RAV4 2022	$26,975
JEEP GRAND CHEROKEE 2022	$38,720
BMW SERIE 5 2022	$54,800
BMW X6 M50i 2022	$89,100
MERCEDES G-CLASS SUV 2022	$131,750
LAMBORGHINI Aventador lp 780-4 ULTIMAE 2022	$899,999

Ce tableau montre les différents prix des voitures neuves avec option standard. Ces montants sont hors taxe.

Alors doit-on s'offrir une voiture neuve ou une d'occasion? Je dirai que pour une personne qui vient d'arriver aux States, il est préférable de prendre dans un premier temps un véhicule deuxième main histoire d'être habitué à la conduite, et aussi le temps de travailler sur le crédit pour pouvoir s'offrir un véhicule neuf avec un petit taux d'intérêt. Prendre un véhicule dépend de tout un chacun et aussi de la ville où l'on vit. Dans certaines villes telles que New York City, une voiture n'est pas nécessaire dans les débuts parce que le système de transport en commun est très bien développé. Par contre, dans les villes d'Oklahoma ou du Texas, les transports en commun sont peu développés. Il y a des communes aisées dans Dallas telles que Frisco où il n'y a pas de bus ni de tramway, et cela est fait exprès pour décourager les personnes qui n'ont pas de véhicules d'aménager dans leur commune (enfin! c'est ce que je pense). Frisco a une certaine démographie qu'elle veut attirer dans sa commune parce que leur leitmotiv est basé sur le développement de nouveaux quartiers huppés. Il y a même beaucoup d'endroits dans tout le grand Dallas où il n'y a même pas de passage piéton. Je me rappelle quand je venais d'aménager à Dallas et que je disais à mes parents qu'il faudra que je me prenne un véhicule, ils se disaient que c'était pour la "frime" mais quand ma mère nous a rendu visite elle a même dit qu'elle n'avait même pas vu de bus durant tout son séjour tellement qu'ils sont rares! Une voiture est une nécessité mais il faut s'assurer de bien comprendre le système routier avant d'en prendre une.

Conduire ici, le système routier

Conduire ici peut être domptant les premières fois mais on s'y habitue facilement. Ma mère trouve qu'on conduit trop vite ici. À Dallas, Texas, la limite de vitesse sur les autoroutes est de 70 mph (miles par heure) qui fait 112 km/h (kilomètre par heure). En petite voix la limite est souvent de 40 mph soit 64 km/h. Le "miles par heure" est l'unité de vitesse utilisée dans plusieurs pays anglophones. Donc quand un francophone voit les panneaux avec les chiffres il doit savoir que c'est en mph. Effectivement, les voitures roulent à vive allure au Texas parce que le système routier est bien développé, les autoroutes sont très grandes entre 3 à 6 voies dans chaque sens et les petites voies sont bien organisées, les piétons ne s'aventurent pas sur le passage voiture!

Rouler au-delà de la limite à plus de 5 mph est tolérable. Voici des images qui montrent l'ingéniosité des routes aux USA.

Autoroute / Source: Jim Allen/Freight Waves

Une vidéo d'un échangeur à Dallas appelé le High Five Interchange construit de 2002 à 2005. C'est le premier échangeur à cinq niveaux de la ville.

Aussi, les feux tricolores ici sont respectés, il y a même certains carrefours où si l'on grille le feu rouge la caméra de surveillance peut flasher la plaque d'immatriculation et le propriétaire est obligé de payer une amende. Les tickets donnés pour violations de code sont payés par les usagers parce qu'en les accumulant ils se transforment en "warrant" qui est un mandat d'arrêt, eh oui on peut être arrêté aux États-Unis pour non-paiement d'une contravention. Avec la plaque d'immatriculation, on peut identifier et localiser un individu.

À un carrefour sans feu tricolore qui a un panneau stop, la priorité reviendra au véhicule qui sera arrivé en premier, ce n'est pas la priorité à droite!

Les feux tricolores ici sont placés après le carrefour et pas avant.

Vue d'une voiture qui regarde les feux tricolores / Source: Jean-Brice Noutoua

L'équipe Sunset explique dans leur article sur le code de la route aux États-Unis que les autoroutes qui se dirigent du Nord au Sud sont nommées avec des nombres impairs, tandis que celles qui se dirigent de l'Est à l'Ouest sont nommées avec des nombres pairs. La voie la plus à droite est réservée aux véhicules qui vont bientôt quitter l'autoroute. La voie la plus à gauche est réservée aux véhicules ayant au moins deux personnes à bord, c'est la voie la plus rapide, et vous pouvez recevoir une amende si vous conduisez seul dans votre voiture et empruntez la voie réservée aux véhicules à forte occupation (HOV lane). Il est important de noter que toutes les autoroutes ne disposent pas de voies réservées aux véhicules à forte occupation.

Avoir une bouteille ou un verre d'alcool ouvert dans la voiture est strictement interdit. La bouteille doit être fermée et rangée dans un bagage ou dans le coffre. Il est également interdit de stationner le long des trottoirs peints en rouge, car ils sont réservés aux pompiers en cas d'urgence. Lorsqu'un véhicule d'urgence, qu'il s'agisse de la police ou des pompiers, approche, tous les autres véhicules doivent se ranger sur le côté s'il s'agit d'une autoroute, et s'arrêter complètement s'il s'agit d'une petite voie.

L'entretien des petites routes est assuré par les municipalités, tandis que les autoroutes situées à l'intérieur d'un État sont gérées par cet État. Les autoroutes qui traversent plusieurs États sont entretenues par ces États, avec l'aide du gouvernement fédéral.

Les piétons ont toujours la priorité dans les intersections avec un panneau stop. On doit toujours les laisser traverser avant que le premier véhicule ne se mette en mouvement. Dans les zones scolaires à la sortie des cours, il y a des panneaux indiquant une limite de vitesse de 20 mph, soit environ 32 km/h, et il est interdit d'utiliser des appareils électroniques dans ces zones. Ces restrictions sont en vigueur de

15h à 17h, et sont signalées par des feux jaunes clignotants indiquant une "zone scolaire". Les policiers sont souvent présents dans ces zones pour assurer la sécurité des bus scolaires qui déposent les enfants à leurs arrêts, car les écoles sont situées dans les mêmes quartiers où résident ces élèves. Il ne faut jamais dépasser un bus scolaire stationné avec ses feux rouges clignotants, sous peine de recevoir une amende.

Quelques panneaux particuliers:

DIP: qui veut dire creux de route
BUMP: qui veut dire dos d'âne
DEAD END: voie sans issue
PED XING: Passage piétons

Je me rappelle qu'avec ma sœur nous avions réfléchi à maintes reprises sur la définition de PED XING qui veut dire en anglais Pedestrian Crossing; on croyait même que c'était en chinois!

Panneau Passage piéton / Source:
ClaraNila - Getty Images

Les embouteillages comme dans toutes les grandes villes sont inévitables aux heures de pointe. Alors beaucoup d'usagers préfèrent faire leurs courses, aller à la gym ou à l'Happy Hour pour faire passer le temps pour les éviter. Mais ce qui est bien, aux States c'est que chaque route a au moins une alternative et beaucoup de chemins mènent à Rome ici! L'auto-stop ici est interdit dans beaucoup d'arrondissements, alors il est fort conseillé de ne pas le pratiquer ni de transporter un auto-stoppeur.

LE SYSTÈME BANCAIRE

Ouvrir un compte bancaire

Les pièces à fournir pour ouvrir soit un compte courant ou un compte d'épargne sont les mêmes: une forme d'identification (permis de conduire ou passeport), un document prouvant le lieu de résidence (une facture d'eau par exemple), le numéro de la carte de sécurité sociale si possible, le montant à déposer. Pour les internationaux, le document le plus important à avoir pour ouvrir son compte est le passeport avec un visa valide. Le montant minimum requis pour ouvrir un compte est entre 25$ et 100$ en fonction du type de compte et aussi de la banque.

Les deux types de banque que je connais sont les banques traditionnelles telles que Bank of America, Chase, Wells Fargo et il y a les coopératives d'épargne et de crédit appelées *credit unions* telles que Credit Union of Texas, Navy Federal Credit Union.

Les coopératives d'épargne et de crédit fonctionnent comme des banques mais les clients sont des membres qui partagent les dividendes avec la coopérative. Les coopératives offrent des crédits à taux d'intérêt généralement plus bas que les banques selon l'analyse faite par la NCUA qui est l'Administration nationale des Coopératives de Crédits.

Mais le plus gros avantage des grandes banques est le fait qu'elles soient situées sur tout le territoire américain, les "credit unions" sont juste dans des communautés. Si j'ai besoin d'aller à la banque pour un retrait par exemple et que j'utilise un guichet automatique d'une autre banque les frais s'élèvent à 3,50$ la transaction, ce qui est élevé. Et avoir une banque partout permet d'aller faire des dépôts facilement, on ne peut pas faire de dépôt dans un guichet qui n'appartient pas à notre banque.

Effectivement, les guichets automatiques (ATM) des States ont la capacité d'accepter des dépôts directement dans le guichet et qu'importe l'heure; une technologie qui fait qu'il est très rare de se rendre à l'intérieur d'une banque.

En ce qui concerne le choix entre les coopératives d'épargne et de crédit et les banques traditionnelles, un compte-chèques dans une banque classique vous permettra d'avoir des succursales partout aux États-Unis. Une coopérative d'épargne et de crédit sera préférable pour un compte d'épargne et une ligne de crédit afin d'obtenir une carte de crédit, car il est plus facile d'obtenir un prêt auprès d'elle.

Il est fortement recommandé de garder son argent en banque plutôt que sur soi au risque de se faire voler ou de le perdre. Les banques et les coopératives d'épargne et de crédit qui appartiennent à la Federal Deposit Insurance Corporation (FDIC) assurent votre argent jusqu'à **250.000$.**

Les cartes de débit et de crédit

Les cartes de débit sont des cartes issues du compte courant, l'argent qui est sur la debit card vient directement du compte en banque.

Les cartes de crédit sont des cartes attribuées par les banques et des compagnies aux personnes qualifiées. Elles permettent de faire des achats maintenant et de les payer plus tard. Ces acquéreurs reçoivent de la banque une somme limitée sur cette carte qu'ils peuvent utiliser et doivent rembourser chaque mois.

Lorsqu'un paiement est en retard, ils doivent payer des intérêts dont les taux varient entre 3,25% et 17,24%. Payer à temps ce crédit évite ces frais d'intérêts. Au fur et à mesure que le client se prouve bon payeur, la banque augmente sa limite de crédit.

L'avantage de la carte de crédit est qu'en cas de dépense d'urgence non prévue, avoir une carte de crédit permet de couvrir ces frais même si la personne n'a pas forcément l'argent. Ce même avantage est un inconvénient dans le sens où on a tendance à dépenser de l'argent qu'on n'a pas, et on se retrouve endetté. Pour profiter donc des avantages de la carte de crédit, il est impératif de l'utiliser avec beaucoup de sagesse et de précaution.

Il existe trois types de cartes de crédit:

-Les **"rewards credit cards"**, qui permettent de gagner des avantages à chaque utilisation. Ces avantages peuvent être des points pour les voyages, des points pour des hôtels, de l'argent en retour (cash back) sur les achats comme le carburant, la nourriture et bien d'autres.

-**Les cartes à faible taux d'intérêt et de transfert de solde**: ces cartes sont attribuées aux appliquant qualifiés qui ont montré dans le passé qu'ils étaient bon payeurs. Comme son nom l'indique, ces cartes offrent un très faible taux d'intérêt lors du remboursement et certains même en recevant la carte offre un taux d'intérêt à 0% pendant les 21 premiers mois.

-**Les cartes de crédit qui permettent d'établir sa cote de crédit**: ces cartes sont destinées aux personnes qui ont un historique de remboursement défavorable. Elles conviennent également aux personnes nouvellement arrivées qui n'ont aucun historique de crédit, qu'il soit bon ou mauvais.

Le "Credit Score" ou note de solvabilité ou cote de crédit

French District dans son article sur le credit score nous explique ce que c'est que le credit score, le credit score est une note attribuée à chaque personne qui a une carte de sécurité sociale. Cette évaluation de solvabilité est très importante lors d'une demande de prêt. Cette note permet d'établir le profil financier de la personne et ainsi sa capacité à rembourser sa dette. Plus le credit score est élevé, plus les banques voudront vous faire un prêt à un faible taux d'intérêt. Lorsqu'on a une mauvaise note (une absence de crédit résulte automatiquement à un mauvais score aussi), les compagnies demandent de payer des cautions additionnelles. Les entreprises qui regardent la note du crédit sont les compagnies d'électricité, internet, les sociétés qui gèrent les logements lorsqu'on veut louer un appartement, les banques pour le prêt d'une maison ou voiture; même dans certains boulots dans le domaine de la finance ces compagnies consultent la note pour s'assurer du profil. Votre credit score est calculé avec ces différents éléments:

• 35% de la note est déterminé par la ponctualité des paiements effectués. Plus vous effectuez vos paiements à temps, sans retard, plus votre score augmentera.

• 30% est déterminé par le taux d'utilisation. Lorsque vous utilisez la carte régulièrement mais sans dépasser 30% de la limite plus votre note de crédit augmentera.

• 15% du score est déterminé par l'ancienneté de votre historique de crédit. L'ancienneté du profil montre la constance donc le sérieux de la personne à payer ses dettes.

• 10% pour le type de crédit que vous prenez (maison, voiture, prêts scolaires, cartes de crédit). Plus le profil est varié, plus votre score augmente.

• 10% du score est déterminé par les recherches effectuées pour les demandes de prêt. Faire un grand nombre de demandes a un impact négatif sur la note. Ces demandes de prêt (qu'elles soient acceptées ou non) restent généralement sur le profil pendant deux ans. Si vous avez traversé une période où vous avez effectué de nombreuses recherches, votre score sera pénalisé, mais après les deux ans, lorsque les recherches disparaîtront, le score augmentera.

Les 3 bureaux de crédit qui font le calcul du crédit score sont Equifax, TransUnion et Experian. Les banques ou compagnies peuvent utiliser une ou tous les 3 bureaux pour connaître la note d'un individu. Les notes d'un bureau à un autre ne sont pas forcément identiques mais restent quand même dans la même tranche de points subdivisés ainsi:

• 330 à 619: Mauvais crédit, besoin de "réparation", sous réserve de refus de crédit ou avec très haut taux d'intérêt

• 620 à 659: Note moyenne sous réserve de crédit à haut d'intérêt mais pas forcément de refus

• 660 à 720: Bonne note, faible taux d'intérêt.

• 721 à 750: Très bonne note, les banques courent après vous pour vous prêter de l'argent!

• 750 et plus: L'idéal!

Construire son crédit est un travail de longue haleine, être patient et informé sur le sujet sont des bons points de départ. Avoir un bon crédit ouvre beaucoup de portes et permet d'économiser en taux d'intérêts sur un emprunt pour maison, voiture et bien d'autres.

Vu l'importance du credit score, aux États-Unis il existe plus de 69000 entreprises spécialisées dans l'aide à la "réparation" du crédit pour leurs clients.

LA QUESTION DU RACISME

Expérience Personnelle

Je n'ai jamais vécu personnellement d'expérience extra dramatique liée au racisme. C'est plus subtil que ça. Par exemple, quand vous vous approchez d'une voiture et que le propriétaire la verrouille à distance, ou quand vous entrez dans une grande pièce et que vous vous retrouvez seule personne noire et que tout le monde se tourne pour vous regarder. Ce n'est peut-être pas forcément raciste, mais cela vous rappelle de manière subconsciente que vous êtes différent. Cependant, cela n'empêche pas les gens dans la pièce de venir vous saluer et de vous sourire! Cela crée donc une confusion quant à savoir s'il s'agit de racisme ou non, car ils pourraient dire que c'est dans la tête de la personne noire! Mais le sentiment de ne pas être pareil est très réel. Au cours des premières années, cela peut être intimidant d'être l'un des seuls couples noirs lors d'événements, mais on s'y habitue et personne ne vous dérange vraiment à cause de la couleur de votre peau. C'est amusant, cependant, quand vous trouvez une autre personne noire dans la même situation, vous vous saluez d'un petit signe de tête, comme "Hé, frère!" ou "Au moins, il y a d'autres personnes noires ici!" Mais pourquoi? Chacun a ses raisons.

Une fois dans une pizzeria à New York City, un homme dans la file d'attente a pensé que je coupais la ligne alors que je n'avais pas mes lunettes et je voulais simplement lire le menu. Il a crié: "Où est-ce que vous vous croyez? Retournez dans votre pays!". Malgré ma petite taille, mon accent et mes 24 ans, je me suis défendue en lui répondant. Ma maman avait peur et me disait simplement de me taire et de laisser tomber, que ce n'était pas notre pays. Cette personne était-elle raciste ou simplement rude, comme beaucoup de New Yorkais le sont? À vous de juger!

J'ai reçu le témoignage de deux femmes qui m'ont raconté qu'à l'église, pendant le signe de paix, lors des salutations, certaines personnes ont refusé de les saluer et c'était bien avant l'apparition du coronavirus! Moi je ne prête même plus attention à quand je salue et qu'on ne me répond pas! À me relire je pense qu'on est traumatisé et habitué sans même le savoir!

Ce que je pense du racisme, c'est qu'il existe dans certaines régions du pays, mais il n'est pas très agressif. Ainsi, nous apprenons à vivre avec. Mon point est que cela ne devrait pas être une raison de ne pas visiter le pays, car le racisme existe partout, simplement sous des formes différentes.

J'ai interrogé anonymement des immigrants africains sur leur expérience du racisme et 40% ont déclaré n'avoir jamais été confrontés au racisme en Amérique. Voici ce qu'ont vécu les 60% restants. La question était: Avez-vous personnellement été victime de racisme ou avez-vous été témoin de cas de racisme en Amérique?

- *"Effectivement, lorsque j'étais dans le Wisconsin, personne ne voulait s'asseoir à côté de moi dans le bus. Mais cela ne me dérangeait vraiment pas."*
- *"Oui, au bureau de location de mon appartement"*
- *"Oui, se moquer de mon accent parfois."*
- *"J'en ai moi-même fait l'expérience de manière très légère, mais j'ai été témoin de beaucoup plus d'incidents. Quelqu'un m'a dit "le blanc a toujours raison" parce que je ne lui ai pas permis de me couper la route en conduisant."*
- *"Oui, j'ai posé une question à quelqu'un concernant la*

couleur de sa voiture, mais il m'a demandé de ne pas lui parler."

Le sujet du racisme est si complexe qu'une simple section d'un seul livre ne saurait suffire à en mesurer toute l'étendue.

La Police

À vrai dire, mes contacts avec la police américaine n'ont jamais été problématiques. Quand je me fais interpeller par la police, il faut dire que je joue toujours la carte de l'étrangère avec un lourd accent français! Tout le temps où j'ai vécu ici, soit 12 ans, j'ai été interpellée par la police un total de sept fois. Une fois c'était pour me dire que l'un de mes clignotants ne fonctionnait plus, une autre fois c'était ma carte grise qui devait être renouvelée.

Une expérience particulière était une fois il pleuvait fortement et il était super tard, alors j'avais préféré garer ma voiture dans le parking d'un fast-food, j'ai laissé la voiture allumée et je me suis endormie pendant peut-être 30 minutes, le temps que la pluie cesse. Une policière (noire) est venue et me demanda pourquoi j'étais stationnée ici. Je lui ai expliqué que je ne voulais pas conduire sous la pluie. Elle m'a alors répondu qu'elle allait m'escorter parce que les employés du fast-food avaient appelé et qu'ils craignaient un braquage, car un fast-food à proximité avait été agressé par des personnes circulant dans une voiture blanche (et bien sûr, ma voiture était également blanche!). Et donc je conduisais et elle m'a suivi dans sa voiture de police jusqu'à ce j'arrive à mon appartement et elle m'a suivie à pied jusqu'à ce j'ouvre ma porte. J'ai eu tellement peur ce jour-là quand je conduisais; j'avais l'impression que je passais le test de ma vie!

Avec la police je me dis qu'ils ont le pouvoir sur les autres citoyens et donc j'essaie de toujours être polie et de ne pas paraître agitée. Je fais aussi en sorte que tous mes documents soient toujours à jour, mes contraventions payées, tous les clignotants et lumières fonctionnent bien parce que quand le policier conduit derrière le véhicule avec le numéro de matricule, il arrive à voir toutes ces informations. Il faut tout faire pour ne pas donner de raisons ni de prétextes pour se faire interpeller. Et, chose très importante: il faut toujours avoir les mains sur le volant où l'officier peut les voir et ne jamais descendre de la voiture à moins que le policier ne vous le demande. Au Texas, les policiers conduisent sur les petites voies et restent dans leur juridictions, dans leur ville mais que je considère comme des communes vu qu'elles sont si proches les unes aux autres. Un policier n'a pas le droit d'arrêter une personne dans une autre ville pour infraction du code de la route.

Une voiture de police de la ville de Bal Harbour / Source: PeterKraayvanger

Les voitures de police diffèrent d'une ville à une autre.

Une voiture de police de la ville de Dunwoody / Source: darrylbrooks

Le Mouvement Black Lives Matter

La période du mouvement Black Lives Matter a été tumultueuse pour nous dans la ville. Pendant cette période je me rappelle que mon compagnon s'était fait interpeller par la police au centre commercial, nous avions eu tellement peur. Le policier nous dit alors qu'il nous avait arrêtés parce que la plaque d'immatriculation était du Nebraska et donc il voulait avoir plus d'info sur lui. Après cet épisode, quand on sortait c'est moi qui conduisais tout le temps parce que ce que je ne me sentais pas en paix de le laisser conduire dans l'Amérique des shootings des hommes noirs. Nos prières étaient de ne pas devenir un hashtag parce que ces histoires qu'on voit à la télévision passent de tristes à tragiques trop facilement.

Deux ans plus tard, les choses se sont calmées.

Certains diront discrimination et d'autres diront même que c'est juste un manque de réseau, mais il est souvent difficile de trouver du travail qui est à un niveau de cadre supérieur. Le biais est tellement subtil qu'il est souvent difficile de distinguer quelle situation est raciste ou normale. Mais en ce moment l'état d'esprit est de travailler, ajouter des certificats pour être plus compétitifs ou commencer son propre business. En tout cas, le focus est de chercher son argent, s'occuper de ses propres affaires et avancer sûrement.

Il est difficile pour moi de dire qu'une partie de la population est raciste sans dire que tout le monde l'est en fait. Maintenant c'est le comportement de certains extrémistes qui rend ce sujet très tabou et qui traumatisent les minorités parce qu'elles sont toujours les victimes.

Marche Black Lives Matter / Source: Pexels - Life Matters

Le Phénomène "Karen"

Ces dernières années, le phénomène "Karen" a été mis en valeur via les réseaux sociaux. Karen est le nom attribué aux femmes de peau blanche qui dénoncent les faits les plus anodins à la police, à un supérieur, un manager. Terme péjoratif, il est utilisé dans le débat de racisme et privilège.

Si vous vous faites appeler Karen à un endroit, ce ne serait pas du tout flatteur! Le journal New York Times a publié un article sur "Karen" où il est décrit le comportement de certaines surnommées Karen: Whitefish Karen (Whitefish est le nom de sa ville dans le Montana) s'est faite appelée Karen parce qu'elle a toussé de plein gré sur un couple qui lui aurait demandé de porter son masque! Kroger Karen (Kroger est un supermarché) a bloqué la voiture d'une mère noire américaine pour l'empêcher de sortir du parking! San Francisco Karen a appelé la police pour dénoncer un Philippin d'être en train d'écrire Black Lives Matter sur une pancarte dans son propre jardin! Et la dernière Karen, l'article l'appelle la reine des Karen, Central Park Karen qui a fabriqué des accusations contre un homme noir qui lui avait demandé d'attacher son chien à sa laisse selon les règles du parc, Karen n'a pas apprécié et a appelé la police!

Rappelons que c'est un stéréotype qui a émergé dans la culture populaire et il est essentiel de traiter tout individu avec respect et de ne pas faire d'hypothèses basées uniquement sur le prénom. Pas toutes les femmes appelées Karen sont des "Karen".

EXPRESSIONS ET SYMBOLES AMÉRICAINS

Être intégré de manière 2.0 c'est aussi connaître les expressions et symboles qui sont typiques de l'Amérique. Savoir ces expressions améliorera les conversations et la vie de tous les jours.

Oncle Sam: Oncle Sam est la métaphore utilisée pour parler des États-Unis. L'Oncle Sam est la personnification du gouvernement. Les USA ont adopté ce sobriquet le 7 Septembre 1812. Samuel Wilson était un emballeur de viande et fournissait sa marchandise à l'armée américaine qui était à l'étranger, et écrivait "US" (United States) sur ses barils, mais les militaires eux disaient tonton Sam vu qu'ils connaissaient le fournisseur et c'est ainsi que Oncle Sam et États-Unis sont devenus synonymes. Le nom Big Brother est aussi employé dans le même contexte et l'expression est que "Big Brother is always watching" ce qui veut dire: le grand frère nous surveille toujours.

L'image ci-dessous est la représentation de L'Oncle Sam.

Oncle Sam / Source: Wikimedia

Oncle Joe est devenu ces dernières années l'un des dérivés de ce sobriquet en référence au Président Joe Biden.

L'Aigle: l'aigle chauve américain est le symbole du pays. Il devient l'emblème national en 1789 après six ans de débats au Congrès sur le choix de l'emblème. L'un des pères fondateurs Benjamin Franklin exprima son opposition face au choix de l'aigle à un ami dans une lettre. Il explique que l'aigle chauve américain est d'une mauvaise morale généralement pauvre et paresseux, Franklin aurait préféré la dinde qui est un oiseau plus respectable avec une vraie origine native d'Amérique. Mais d'autres membres du congrès trouvaient plutôt que l'Aigle représentait la force, le courage, la liberté et l'immortalité pour des générations.

Le Dollar: La monnaie utilisée au pays de l'Oncle Sam. 99% des billets de dollar sont imprimés par la Réserve Fédérale. Les coupures communes sont 1, 2, 5, 10, 20, 50 et 100 dollars. Saviez-vous qu'il existait des billets de 500, 1.000, 5.000 et 10.000 dollars mais ils n'ont plus été imprimés depuis 1946. Il n'y a que deux bureaux où sont imprimés les billets à Washington DC et à Fort Worth. Sur le site de l'Ambassade des États-Unis en France, il est dit que le dollar américain est composé des 25% de lin et 75% de coton et peut s'utiliser un maximum de 4000 fois avant de se déchirer. L'image suivante présente les billets de banque les plus populaires portant le nom de la personne imprimée dessus. Alexander Hamilton et Benjamin Franklin n'étaient pas des présidents mais des personnalités importantes de la politique américaine.

President Abraham Lincoln

Alexander Hamilton

President Andrew Jackson

President Ulysses Grant

Benjamin Franklin

Des billets américains avec les noms des personnages figurant / Source: Karolina Grabowska

La Devise "In God We Trust": Elle devint officiellement la devise nationale le 30 juillet 1956 elle se traduit en Français comme "En Dieu nous croyons". "E Pluribus Unum" apparaissait d'abord sur les pièces de monnaie au 18e siècle ce qui voulait dire "Parmi beaucoup, un" avant que le secrétaire du Trésor Salmon Chase ne décide d'utiliser In God We Trust.

We the People: Qui signifie "nous le peuple", sont les trois premiers mots du préambule de la Constitution américaine. Beaucoup de citoyens l'affichent sur leurs voitures et dans leurs maisons. Voici le Préambule de la Constitution: "Nous, le Peuple des États-Unis, en vue de former une Union plus parfaite, d'établir la justice, de faire régner la paix intérieure, de pourvoir à la défense commune, de développer le bien-être général et d'assurer les bienfaits de la liberté à nous-mêmes et à notre postérité, nous décrétons et établissons cette Constitution pour les États-Unis d'Amérique."

Le Bill of Rights: est la déclaration des droits et libertés promise au peuple américain. Ce sont les 10 premiers amendements de la Constitution. Nous avons entre autres:

-La Liberté d'expression: droit de penser et dire ce que vous voulez.

-Liberté de religion: droit de pratiquer ou pas une religion.

-Liberté de la presse: le gouvernement ne peut interdire la presse d'imprimer ou de communiquer dans les médias.

List complète du Bill of Rights en français

-Liberté d'association ou de rassemblement dans les lieux publics: droit aux rassemblements pacifiques.

Scannez le QR Code pour avoir accès à toute la liste complète en français.

. . .

La Maison Blanche: Elle sert à la fois de maison et de bureau du président des États-Unis. La construction commence en 1792 et l'inauguration est en 1800. La Maison Blanche a connu deux incendies en 1814 et en 1929. Elle comprend 132 pièces dont 16 chambres, 35 salles de bain, 8 escaliers, 1 bunker, une salle de cinéma, 28 cheminées, 3 ascenseurs et bien d'autres. 1800 personnes réparties en 16 services y travaillent. Je n'ai jamais eu l'occasion de faire une visite guidée de l'intérieur mais de l'extérieur on voit juste que c'est grand. J'ai eu à faire 3 visites et à chaque fois il y avait toujours des personnes devant avec des pancartes pour revendiquer une cause et cela, qu'importe le président.

Tous les présidents qui ont séjourné à la Maison Blanche ont tous eu des animaux domestiques à l'exception de Président Chester Alan Arthur et Président Donald Trump.

Le Président William Howard Taft lui avait une vache nommée Pauline qui lui fournissait du lait pendant tout son mandat!

La Première Dame Michelle Obama installa un potager ainsi qu'une ruche pour se procurer son propre miel. Le Président Barack Obama fit brasser une bière là-bas appelée White House Honey Ale composée en partie du miel des ruches de Michelle!

Un autre fait particulier, le Président Calvin Coolidge avait deux lionceaux appelés "Tax Reduction" et "Budget Bureau".

La Maison Blanche / Source: Gu Bra

La Statue de La Liberté: Offerte par les Français pour célébrer l'amitié entre ces deux nations, la Statue de la Liberté représente pour les immigrés du 19e siècle qui arrivaient par bateaux une promesse de Liberté et de possibilités.

Haute de 93 mètres, la Statue réitère toujours cette même inspiration pour les immigrants de maintenant: le pays des opportunités. Lady Liberty qui est l'effigie de la statue a été inspirée de la Déesse Romaine Libertas, qui devint l'emblème de la Liberté après avoir libéré un grand nombre d'esclaves. Le flambeau porté dans sa main droite représente pour tous les américains un symbole de triomphe et une énorme inspiration. Elle attrape une tablette à la main gauche où il est inscrit en chiffres romains 4 juillet 1776, qui marque le jour de l'indépendance aux États-Unis.

la Statue de la Liberté / Design: Bioraven

La couronne à sept pointes représentant les sept océans et les sept continents du monde met ainsi en valeur les messages de bienvenue, d'inclusion et de Liberté.

. . .

Amber Alert: C'est un programme qui a été créé par la communauté de Dallas/Fort Worth en réaction de l'enlèvement et du meurtre tragique d'une petite fille de 9 ans Amber Hagerman à Arlington au Texas en 1996. En mémoire du nom Amber, le programme a utilisé les mêmes acronymes America's **M**issing: **B**roadcast **E**mergency **R**esponse. Lorsqu'un enfant disparaît dans la communauté, une alerte est distribuée à la radio, la télévision, sur les panneaux électroniques routiers et par message. L'alerte décrit l'enfant et la description de la voiture s'il y a des informations. Toute personne ayant des informations appelle le numéro d'urgence de la police 9-1-1. Le premier enfant qui fut sauvé grâce à la Amber Alert fut Rae-Leigh Bradburry, un enfant de 8 semaines kidnappé par sa babysitter et retrouvé 90 minutes après la Amber Alert. Depuis sa création jusqu'au 1er Mai 2022; 1114 enfants ont été retrouvés grâce au programme.

911: 9-1-1 est le numéro d'appel en cas d'urgence. En cas d'incendie, de fuite de gaz, de crimes ou d'activités suspectes. Si vous appelez et la communication est interrompue, les agents peuvent vous rappeler et même vous localiser. Les enfants depuis la maternelle apprennent à composer le 911 en cas de besoin.

Zip Code: Système utilisé pour le code postal ici. Le Zip Code est une série de 5 chiffres (souvent 4 chiffres s'y ajoutent) qui détermine la localisation géographique d'un individu. Avec le zip code, on arrive à localiser le quartier ou la zone. Il y a 41,683 zip codes aux États-Unis et à Dallas nous avons 84 zip codes et ils commencent tous par 752xx (75206, 75223, etc…).

L'adresse d'une personne se compose alors du numéro de maison ou du numero de la rue + nom de la rue + numéro de l'appartement (s'il existe) + nom de la ville + initiale du nom de l'État + zip code (code postal). Ces adresses telles qu'elles sont ainsi permettent d'arriver directement chez l'individu lorsqu'on met le GPS. Chaque maison ou appartement a une boîte aux lettres devant sa porte ou en bas du bâtiment où l'on reçoit tous ses courriers. Les boîtes postales qui sont situées à la poste sont des alternatives aux adresses des maisons, elles sont appelées PO BOX.

Exemple d'une adresse:
1600 Pennsylvania Avenue NW, Washington, DC 20500

Savez-vous à qui appartient cette adresse?

St Patrick's Day: Fête irlandaise célébrée le 17 mars chaque année (jour de la mort de St Patrick), la saint Patrick Day est d'origine chrétienne en honneur à St Patrick qui fut l'un des pères fondateurs du Christianisme en Irlande. Les américains célèbrent ce jour-là, toutefois n'étant pas un jour férié, en hommage à leur héritage irlandais. La fête se fait selon la culture irlandais, tous habillés en vert (une des couleurs du drapeau irlandais), et en consommant de l'alcool sans modération et en organisant des parades. Ce jour-là aux États Unis, les restaurants, bars, bistros sont plein à craquer!

Halloween est une fête célébrée chaque 31 octobre qui a pour origine une tradition ancienne celtique où le peuple allumait des feux de joie et se mettait en costume. Aujourd'hui, à Halloween, les enfants se déguisent, sculptent les citrouilles et au coucher du soleil partent de maison en maison dans leurs quartiers et demandent des friandises (quand ils ne reçoivent pas de friandises certains peuvent casser des œufs à votre maison ou dérouler du papier toilette sur toute la devanture de votre maison!). Les adultes aussi se déguisent s'ils veulent pour être dans le thème de la soirée. Halloween n'est pas un jour férié.

Selon l'article sur Halloween de History.com, en 2019 les Américains ont dépensé plus de 490 millions de dollars en costumes pour leurs animaux domestiques, plus du double qu'en 2010.

Un chihuahua déguisé pour Halloween / Source: Pexels / Veronica

Thanksgiving est une fête officielle fériée le dernier jeudi du mois de Novembre chaque année. La Thanksgiving a été créée pour célébrer la moisson et les bénédictions de l'année écoulée. C'est la fête qui comptabilise le plus de voyage en voitures parce que les Américains se retrouvent en famille pour partager un copieux repas au déjeuner. Le repas symbolique se compose d'une dinde, de pommes de terre, de canneberges et de pain farci. À ce repas chacun énonce de quoi il est reconnaissant pour l'année. C'est l'occasion pour toute la grande famille de se mettre à jour sur la vie de chacun et comme on peut le voir dans certaines adaptations surtout les films, cela tourne au dramatique facilement! Les collègues de travail et les amis organisent la "friendsgiving" pendant la même période pour célébrer l'amitié et la convivialité aussi.

Une Dinde / Source: Pexels / Monstera

Black Friday: Au lendemain de la Thanksgiving, les boutiques et magasins font de très grandes soldes allant jusqu'à 50% de réduction. Alors beaucoup de personnes se ruent pour profiter des remises. Le rang devant ces magasins avant l'ouverture des portes est si long qu'il peut faire tout le long du bâtiment surtout Walmart et Best Buy pour acheter les appareils électroniques. Le gros problème dans la ruée vers les marchandises moins chères est le fait que les gens se bousculent pour se prendre les articles, il y a même un site qui compte le nombre de personnes décédées ou blessées pendant le Black Friday et résultat: 17 morts et 125 blessés. On peut vraiment appeler ce jour vendredi noir.

Mes premières années, je faisais quelques achats pendant le black friday dans les magasins après j'ai changé pour les faire en ligne, c'est moins stressant et ce sont les mêmes prix.

En même temps, il faut dire que Black Friday a juste été créé pour faire dépenser le consommateur.

Fast Life: Selon le dictionnaire urbain, la fast life c'est vivre de façon téméraire, insouciante et de manière spontanée. À connotation péjorative, quelqu'un vivant la fast life est beaucoup fêtard, dépensier et immature. Dans un entretien de Quentin Piton pour PureBreak, Thomas Ngijol confie: La Fastlife? "Un état d'esprit générationnel un peu futile". Ngijol développe sa pensée en disant que les jeunes veulent briller à tout prix, et veulent être cool surtout sur les réseaux sociaux. Moi je n'ai pas de problème avec les personnes qui vivent la fast life qu'ils arrivent effectivement à se l'offrir, beaucoup parmi nous les jeunes rêvent d'être entre deux avions tout le temps s'offrir un yacht etc., le hic vient quand on a pas les moyens de sa politique. Et plein de jeunes surtout les immigrants africains qui viennent pour les études financées par leurs parents viennent et essaient de vivre ou du moins de projeter une vie de stars qui n'est pas authentique. Il est compréhensible de traverser une crise d'adolescence ou de faire face à des incertitudes au début de la vingtaine, mais il arrive un moment où il faut prendre conscience de ses objectifs de vie et se concentrer sur eux.

La Culture "Cancel": notre génération américaine a cette culture depuis ces dernières années de boycotter une autorité publique. Cette autorité peut être un artiste-chanteur, un comédien, un politicien, un journaliste, un acteur, un sportif et j'en passe. Cette personne se fait "annuler" après avoir commis un acte qui aurait déplu au public, ou même un acte plus grave tels que les harcèlements sexuels. Lorsqu'une personne est "cancel" elle perd beaucoup d'attractions, plus personnes ne l'écoute ce qui fait un déclin financier en plus du déclin de notoriété. L'acteur Shia LaBeouf a été annulé à cause d'abus d'alcool et de drogue. Bill Cosby et R.Kelly à cause des allégations d'harcèlements sexuels, Chrissy Teigen pour avoir intimidé sur les réseaux une autre personnalité publique, le Footballeur Aaron Rodgers pour avoir menti sur le fait qu'il ait fait ses vaccins Covid.

Happy Hour: Appellation venant des marins dans les années 1914 quand ils étaient à la mer. L'Happy hour était l'heure de la détente où ils se retrouveraient tous pour papoter et s'amuser en bateau. La société emprunta cette expression pendant la période de la Prohibition (entre 1920 et 1933) où l'alcool était interdit à la vente et à la consommation. Pendant cette période, ceux qui se cachaient pour aller boire après le boulot employaient l'expression "happy hour" comme code. C'est ainsi que l'expression happy hour est restée pour désigner l'heure de l'apéro!

Millennials ou génération Y: La génération d'Américains nés entre 1981 et 1996 (les 26 ans à 41 ans en 2022). Elle est plus Instagram que Facebook, beaucoup axée sur le développement personnel, motivée à apporter sa contribution dans ce monde. Les plus jeunes de cette tranche d'âge passent en moyenne 2 heures à regarder la télévision contre seulement 7 minutes à lire un livre par jour. Les millennials se marient et font des enfants vers la trentaine, ils ont tendance à se concentrer sur leurs carrières. Très instruite avec des plus grands diplômes que leurs parents et grands-parents, cette génération est aussi bien en technologie et croit aux efforts toujours récompensés. Les millennials aiment les multitâches et sont à la tête de manifestations pour la lutte pour les droits de l'Homme. Aussi les Millennials sont résilients, sont flexibles et s'adaptent au changement, beaucoup n'ont pas hésité à déménager des États du Nord (New York par exemple) pour une meilleure qualité de vie ailleurs vu l'impact dévastateur de la pandémie à New York avec la hausse colossal des prix des loyers.

Gen Z: La génération de personnes nées entre 1997 et 2012 (les 10 à 25 ans). Aussi appelée génération TikTok, ces enfants sont à la pointe de la technologie, leurs caractéristiques sont qu'ils sont beaucoup entrepreneurs, communicatifs, indépendants. Ils arrivent à leur âge à se faire beaucoup d'argent par le biais de la technologie (Joueurs professionnels de jeux vidéo, influenceurs, créateurs d'applications...). La Gen Z a cette intrépidité de pouvoir faire tout ce dont elle rêve, ce sont des créateurs d'opportunités.

Baby Boomers: La génération d'Américains nées entre 1946 à 1964 (les 58 à 76 ans). Le nom baby boomer vient du fait qu'après la deuxième guerre mondiale, les soldats étaient rentrés à la maison et il y a donc eu un boom d'enfants. Les Baby boomers représentent une très forte population avec 76 millions de personnes. Grâce au GI Bill, cette loi permet aux anciens combattants de partir à l'école, d'avoir des diplômes et aussi d'obtenir des logements ce qui a permis aux baby boomers d'avoir une qualité de vie d'enfant supérieure à celle de leurs prédécesseurs. Ils sont à la tête de beaucoup de réformes politiques, économiques et sociales (ils ont créé l'internet, l'ordinateur personnel, lutter pour les droits de la femme, arrêter la guerre froide, enlever le stigma sur les divorces...). Aujourd'hui les baby boomers possèdent 70% du pouvoir d'achat de toute la population américaine ce qui est énorme. Et ce sont de grands dépensiers, ils dépensent dans les voyages, sur leur santé, le bien être et apprêtez-vous dans la coupe de cheveux de leurs chiens! *(je vous assure que je n'ai pas créé ce fait!)*

Pandemic Babies: Ils sont la nouvelle génération des bébés; ils sont nés pendant ou juste après la période de la pandémie de Coronavirus. Pendant que sur les réseaux sociaux les nouveaux parents ne font que vanter les prouesses de leurs bébés, les statistiques montrent que les pandemic babies ont un retard de développement social, ils sont plus enclins à certains comportements tels que des crises de pleurs en public et des anxiétés de séparations avec les parents.

Et vous, de quelle génération êtes-vous? Qu'est-ce que vous pensez des caractéristiques?

Les Jours fériés: Pendant les différents jours fériés les écoles ferment et les travailleurs du secteur public et privé ne travaillent pas. Ceux du privé les jours sont généralement chômés aussi, cependant, cela à la discrétion de l'employeur. Ces jours sont:

Le jour de l'An	1er Janvier
L'anniversaire de Martin Luther King Jr.	3eme lundi de Janvier
Le Jour des Présidents	3eme lundi de Février
Jour commémoratif des morts	Dernier lundi de Mai
Jour de l'indépendance	4 Juillet
Fête du Travail	1er lundi de Septembre
Jour de Christophe Colomb	2eme lundi d'Octobre
Journée des anciens combattants	11 Novembre
Fête de Thanksgiving	4eme jeudi de Novembre
Noël	25 Décembre

Les jours fériés de l'année

"AMERICAN DREAM"

Gérard-François Dumont l'explique si bien dans son livre "Rêve Américain" il dit "le rêve américain est l'idée selon laquelle n'importe quelle personne vivant aux États-Unis, par son travail, son courage et sa détermination, peut devenir prospère".

Je dirai que le rêve américain est différent d'une personne à une autre, on pourrait dire que pour l'américain lambda être d'une classe moyenne, avoir un bon travail, une maison, un bon foyer, des enfants et s'offrir des voyages, serait vivre le rêve américain. Pour ma part mon rêve américain serait d'impacter la vie de plus d'un américain et m'offrir un style de vie bien plus que la moyenne!

Et vous, comment définiriez-vous le rêve américain?

CONCLUSION

Le mythe sur les États-Unis est toujours nourri à cause ou dirons-nous, grâce aux médias. Depuis l'enfance, en regardant tous ces films hollywoodiens, nous avons tous rêvé à un moment ou un autre de savoir à quoi ressemblaient vraiment les States.

Il est vrai que la vie aux États-Unis offre beaucoup d'opportunités à ceux qui sont constants dans leur quête de réussite. Comparé à d'autres pays, la liberté est une donnée visible dans toute la société. Cela pourrait créer un choc pour certains visiteurs; la culture américaine est bien singulière: l'éthique du travail, la ponctualité, l'informalité et la franchise (oui les Américains sont très directs), mais surtout un grand sens de fierté et de patriotisme.

La plus grande force des États-Unis réside dans leur diversité, que ce soit sur le plan démographique, environnemental ou professionnel. Cependant, cette même force peut constituer un obstacle sur le plan économique: les riches s'enrichissent tandis que les pauvres s'appauvrissent. L'écart se creuse et c'est pourquoi il est impératif de mettre toutes les chances de son côté, d'avoir plusieurs cordes à son arc et de rester à jour, car les choses évoluent très rapidement.

L'intégration 2.0 implique de maîtriser le système, de bénéficier de tous ses avantages tout en maintenant un lien avec notre pays d'origine. Je tiens à insister sur ce point car, finalement, on se sent toujours mieux chez soi. Ainsi, pour ceux qui envisagent de retourner dans leur pays d'origine, il est essentiel de mettre à profit tout ce qui a été appris aux États-Unis pour développer quelque chose chez eux. La valeur du dollar reste élevée, ce qui rend avantageux de convertir ce dollar en une autre monnaie.

Ce qu'il faut retenir, c'est que les États-Unis nous offrent les conditions propices à la réussite: une bonne éducation, un marché du travail bien organisé, des aides pour les entrepreneurs, un bon système d'assistance médicale et sociale, un système bancaire accessible, une administration efficace et informatisée, ainsi qu'un monde numérique et digital exceptionnel. Cependant, le conseil que je pourrais donner est de toujours agir avec intégrité ici, car dans le cas contraire, les conséquences sont énormes et il est difficile de se remettre sur pied par la suite. *C'est ça qui est la vérité.*

RESTONS CONNECTÉS

Découvrez plus d'infos sur les States en Réalité, sur l'auteure, ses actualités et ses ouvrages sur www.lauraekonde.com

---

Des réductions sont disponibles pour l'achat en gros de ce livre pour votre société, association, conférence et université contactez-nous à book@lauraekonde.com

---

Pour des demandes d'entretiens ou de conférence contactez-nous à book@lauraekonde.com

---

J'espère de tout coeur que vous avez appris beaucoup!

🐦 twitter.com/marfilenabooks
📷 instagram.com/marfilena_books
📘 facebook.com/marfilenabooks

VOUS RÊVEZ DE DEVENIR ÉCRIVAIN?

Envie de partager votre histoire vous aussi?
Besoin d'un coup de pouce pour vous lancer?

Marfilena Books est là pour vous accompagner dans cette passionnante aventure d'écrivain, de la conception à la publication de votre chef-d'œuvre.

Notre équipe met à votre disposition une gamme complète de services:
-Assistance éditoriale complète en français et en anglais
-Traduction en français et en anglais
-Design de couverture attrayant
-Formatting professionnel et mise en page soignée
-Relecture minutieuse avec avis de lecteurs ciblés
-Publication aux États-Unis et en Côte d'Ivoire

Contactez-nous dès maintenant à <u>info@marfilena.com</u> et laissez votre plume prendre vie!

BIBLIOGRAPHIE

- Budiman, A. (2022, December 1). *Key findings about U.S. immigrants.* Pew Research Center. Retrieved December 30, 2022, from https://www.pewresearch.org/fact-tank/2020/08/20/key-findings-about-u-s-immigrants/
- Anonymous, Rossbach, SecBorders, Peter, Peter, Leland, Softwarengineer, & Stelter, K. (2018, December 28). *The important difference between assimilation and Integration.* ImmigrationReform.com. Retrieved 2021, from https://www.immigrationreform.com/2016/09/29/the-important-difference-between-assimilation-and-integration/
- *Size of France compared to Texas.* MyLifeElsewhere. (n.d.). Retrieved December 30, 2022, from https://www.mylifeelsewhere.com/country-size-comparison/france/texas-usa
- Moore, D. (2022, April 13). *U.S. population estimated at 332,403,650 on Jan. 1, 2022.* Census.gov. Retrieved December 30, 2022, from https://www.census.gov/library/stories/2021/12/happy-new-year-2022.html
- *Why did Russia sell Alaska to the United States?* WION. (n.d.). Retrieved December 30, 2022, from https://www.wionews.com/world/why-did-russia-sell-alaska-to-the-united-states-434289
- Tiffney Johnson, J. D. (2022, October 11). *At the U.S. border or airport: What to expect when entering.* www.nolo.com. Retrieved December 30, 2022, from https://www.nolo.com/legal-encyclopedia/entering-us-what-expect-airport-29797.html
- *Page 3 - new york 3 stars Michelin Michelin restaurants – the Michelin Guide USA.* MICHELIN Guide. (n.d.). Retrieved December 30, 2022, from https://guide.michelin.com/us/en/new-york-state/new-york/restaurants/3-stars-michelin/2-stars-michelin/1-star-michelin/page/3
- Spaeth, R. (2022, February 7). *Eric Adams Eats fish.* Intelligencer. Retrieved December 30, 2022, from https://nymag.com/intelligencer/2022/02/eric-adams-eats-fish.html
- *Washington, DC fun facts for kids.* Washington DC. (n.d.). Retrieved December 30, 2022, from https://washington.org/DC-information/washington-dc-quick-facts-kids
- Dot. (n.d.). *Atlanta City, Georgia Demographics and Housing 2020 decennial census.* The Columbus Dispatch. Retrieved December 30, 2022, from https://data.dispatch.com/census/total-population/total-population-change/atlanta-city-georgia/160-1304000/

- Morris, C. (2023, April 5). *Atlanta claims title of World's busiest airport once more.* Fortune. Retrieved April 10, 2023, from https://fortune.com/2023/04/05/atlanta-worlds-busiest-airport-2022/
- Simon, C. (n.d.). *Weirdest laws passed in every State.* USA Today. Retrieved December 30, 2022, from https://www.usatoday.com/list/news/nation-now/weirdest-laws-every-state/53ad0541-3518-4432-adc4-0fec193d389e/?block=oklahoma
- The 200 largest cities in the United States by population 2022. (n.d.). Retrieved December 30, 2022, from https://worldpopulationreview.com/us-cities
- *Rats, trash and typhoid: Los angeles' growing shantytown slum - news.* (n.d.). Retrieved December 30, 2022, from https://www.news.com.au/lifestyle/health/rats-trash-and-typhoid-los-angeles-growing-shantytown-slum/news-story/fb65b420e775600e10171c7fc592fd2e
- *Pacific Coast Highway road trip.* Visit The USA. (n.d.). Retrieved December 30, 2022, from https://www.visittheusa.com/trip/pacific-coast-highway-road-trip
- Pfeffer, R., & Liss, S. (2021, May 16). *10 Miami cocktail experiences everyone should have.* Time Out Miami. Retrieved December 30, 2022, from https://www.timeout.com/miami/bars/cocktail-experiences-you-should-have-in-miami
- *Minnesota.* Ducksters. (n.d.). Retrieved December 30, 2022, from https://www.ducksters.com/geography/state.php?State=Minnesota
- Krupp, E. (2021, September 10). *Chicago was just voted the 2nd most beautiful city in the world.* Time Out Chicago. Retrieved December 30, 2022, from https://www.timeout.com/chicago/news/chicago-was-just-voted-the-2nd-most-beautiful-city-in-the-world-090921
- Pequods. (2020, September 5). *What makes Chicago so special?* Pequod's Pizza. Retrieved December 30, 2022, from https://pequodspizza.com/blog/what-makes-chicago-so-special/
- *Hurricane Harvey Facts, damage and costs - lamar university.* (n.d.). Retrieved December 30, 2022, from https://www.lamar.edu/_files/documents/resilience-recovery/grant/recovery-and-resiliency/hurric2.pdf
- *Oklahoma.* Ducksters. (n.d.). Retrieved December 30, 2022, from https://www.ducksters.com/geography/state.php?State=Oklahoma
- CBS Interactive. (2013, June 30). *Plano now sells liquor.* CBS News. Retrieved December 30, 2022, from https://www.cbsnews.com/dfw/news/liquor-stores-begin-opening-in-plano/
- Fritts, J. (2022, August 25). *State and local sales tax rates, 2022.* Tax Foundation. Retrieved December 30, 2022, from https://taxfoundation.org/2022-sales-taxes/

- Sales and use tax. (n.d.). Retrieved December 30, 2022, from https://www.tax.ny.gov/bus/st/stidx.htm
- *Voyage aux USA : Planificateur de road trips en Ligne*. Authentik Usa. (n.d.). Retrieved December 30, 2022, from https://www.authentikusa.com/fr-fr/faq/taxe-pourboire-etats-unis
- Consulmex.sre.gob.mx. (n.d.). Retrieved December 30, 2022, from https://consulmex.sre.gob.mx/toronto/index.php/en/servicesforeigners/docle galization/52-conservices/225-visitors-who-do-not-require-a-visa-with-a-stay-up-to-180-days
- CBP Customer Service. (n.d.). Retrieved December 30, 2022, from https://help.cbp.gov/s/article/Article-751?language=en_US
- Ofoegbu, C. (2022, December 22). *Visa-free travel with a US visa – top 10 countries to visit in 2023*. Sojourning Scholar. Retrieved December 30, 2022, from https://sojourningscholar.com/visa-free-travel-with-a-us-visa-top-10-countries-to-visit-in-2021/
- Hourcade, L. (2022, September 7). *Ecole Américaine : Le système scolaire expliqué de la maternelle au Lycée*. Devenir Bilingue. Retrieved December 30, 2022, from https://devenirbilingue.com/expatriation/scolarite-a-l-etranger/ecole-americaine-systeme-scolaire-americain-maternelle-lycee/
- Why montessori education? famous montessori educated students. (n.d.). Retrieved December 30, 2022, from https://bbba.bg/posts/show/why-montessori-education-famous-montessori-educated-students
- *Méthode Montessori : Le dossier complet du guide montessori [2021]*. Guide Montessori. (2021, June 22). Retrieved December 30, 2022, from https://guide-montessori.fr/methode-montessori/
- *Frisco ISD*. Frisco Independent School District - Home. (n.d.). Retrieved December 30, 2022, from https://www.friscoisd.org/about/district-over view/educational-opportunities
- Texas Education Agency. (2022, March 19). *Ged information*. Texas Education Agency. Retrieved December 30, 2022, from https://tea.texas.gov/student-assessment/certificate-of-high-school-equivalency/ged-informa tion
- Gregory, C. (2022, December 15). *GED in New York State - requirements, classes, and test centers*. Best GED Classes. Retrieved December 30, 2022, from https://bestgedclasses.org/new-york-state/
- Garrett-Hatfield, L. (2021, November 5). *GED requirements for non-native English speakers*. The Classroom | Empowering Students in Their College Journey. Retrieved December 30, 2022, from https://www.theclassroom.com/ged-requirements-nonnative-english-speakers-3937.html
- *Charter schools et Apprentissage Scolaire*. The Abdul Latif Jameel Poverty Action Lab (J-PAL). (n.d.). Retrieved December 30, 2022, from https://

www.povertyactionlab.org/fr/piste-de-r%C3%A9flexion/charter-schools-et-apprentissage-scolaire

- Katsiyannis, A., Rapa, L. J., Whitford, D. K., & Scott, S. N. (2022, August 19). *An examination of US school mass shootings, 2017-2022: Findings and implications.* Advances in neurodevelopmental disorders. Retrieved January 12, 2023, from https://www.ncbi.nlm.nih.gov/pmc/articles/PMC9388351/

- Ruiz, N. G. (2020, May 30). *Origins and destinations of foreign students in the United States.* Pew Research Center's Global Attitudes Project. Retrieved December 30, 2022, from https://www.pewresearch.org/global/2018/01/31/origins-and-destinations-of-foreign-students-in-the-united-states/

- *Declining international student numbers stabilize - US news & world report.* (n.d.). Retrieved December 30, 2022, from https://www.usnews.com/education/best-colleges/articles/declining-international-student-numbers-stabilize

- Software, S. (2019, August 5). *15 best sites for International Scholarships, loans and more.* U.S. News Global Education. Retrieved December 30, 2022, from https://www.usnewsglobaleducation.com/all-advice/15-best-sites-for-international-scholarships-loans-and-more/

- U.S. Department of State. (n.d.). *Educationusa.* U.S. Department of State. Retrieved December 30, 2022, from https://educationusa.state.gov/

- Software, S. (2019, August 12). *10 essential travel documents for international students [checklist].* U.S. News Global Education. Retrieved December 30, 2022, from https://www.usnewsglobaleducation.com/all-advice/10-essential-travel-documents-for-international-students-checklist/

- *International student.* International Student Scholarship Search. (n.d.). Retrieved December 30, 2022, from https://www.internationalstudent.com/scholarships/

- Federal Student Aid. (n.d.). Retrieved December 30, 2022, from https://studentaid.gov/help-center/answers/article/what-is-current-interest-rate-for-direct-unsubsidized-loans

- Walker, H. (2012, April 24). *President Obama: I 'only finished paying off' student loans eight years ago.* Observer. Retrieved December 30, 2022, from https://observer.com/2012/04/president-obama-still-hasnt-paid-off-his-student-loans/

- Explorer, C., & About The Author Campus Explorer. (2022, January 13). *Big City vs. small town colleges: What's right for you? - campus explorer.* Campus Explorer -. Retrieved December 30, 2022, from https://www.campusexplorer.com/student-resources/small-town-vs-big-city/?ref=blog

- *Erin Meyer – author of the culture map.* (n.d.). Retrieved December 30, 2022, from https://www.erinmeyer.com/wp-content/uploads/2019/11/HBR-Oct-2018-Article.pdf

- *Learn English for free at the Dallas Public Library - General English.* Adult Learning. (2022, September 16). Retrieved December 30, 2022, from http://dallaslibrary2.org/adultlearning/english/general-english/
- Doyle, A. (2022, May 9). *What's the difference between a resume and a curriculum vitae?* The Balance. Retrieved December 30, 2022, from https://www.thebalancecareers.com/cv-vs-resume-2058495
- Wikimedia Foundation. (2022, December 20). *List of US states by minimum wage.* Wikipedia. Retrieved December 30, 2022, from https://en.wikipedia.org/wiki/List_of_US_states_by_minimum_wage
- *Consolidated minimum wage table.* United States Department of Labor. (n.d.). Retrieved December 30, 2022, from https://www.dol.gov/agencies/whd/mw-consolidated
- *Social Security.* SSA. (n.d.). Retrieved December 30, 2022, from https://www.ssa.gov/pubs/
- *The Pros and cons of professional tax preparation.* IRS.com. (2015, November 23). Retrieved December 30, 2022, from https://www.irs.com/en/articles/the-pros-and-cons-of-professional-tax-preparation
- Olsen, J. (2022, October 20). *13 short certificate programs that pay well [2022].* Exotic Careers. Retrieved December 30, 2022, from https://exoticcareers.com/short-certificate-programs-that-pay-well/
- *What degree do you need to become a registered nurse (RN)?* Regis College. (n.d.). Retrieved December 30, 2022, from https://www.regiscollege.edu/blog/nursing/what-degree-do-i-need-to-become-a-registered-nurse
- Pooja Toshniwal PahariaReviewed by Benedette Cuffari. (2022, September 5). *Roles of a nurse.* News. Retrieved December 30, 2022, from https://www.news-medical.net/health/Roles-of-a-Nurse.aspx
- Team, Z. R. M. R. (n.d.). *Medical coder: What is it? and how to become one?* ZipRecruiter. Retrieved December 30, 2022, from https://www.ziprecruiter.com/Career/Medical-Coder/What-Is-How-to-Become
- Gardiner, A. (2022, December 20). *How to become an insurance adjuster in 5 steps.* AdjusterPro®. Retrieved December 30, 2022, from https://adjusterpro.com/become-a-claims-adjuster-in-5-steps/
- Segal, T. (2022, October 29). *Broker vs. realtor vs. real estate agent.* Investopedia. Retrieved December 30, 2022, from https://www.investopedia.com/ask/answers/101314/what-are-differences-among-real-estate-agent-broker-and-realtor.asp
- Salary.com, S. built by: (n.d.). *Flight attendant salary.* Salary.com. Retrieved December 30, 2022, from https://www.salary.com/research/salary/benchmark/flight-attendant-salary

- Salary.com, S. built by: (n.d.). *Airframe and engine mechanic III salary*. Salary.com. Retrieved December 30, 2022, from https://www.salary.com/research/salary/benchmark/aircraft-mechanic-jet-salary
- *35 most lucrative short certificate programs in 2023*. Premium Schools. (2022, December 9). Retrieved December 30, 2022, from https://www.premiumschools.org/the-most-lucrative-short-certificate-programs/
- *Gasoline prices Monthly & annual averages*. Gasolines Prices in Los Angeles County, California. (n.d.). Retrieved December 30, 2022, from http://www.laalmanac.com/energy/en12.php
- New York City regular all formulations retail gasoline prices (dollars per gallon). (n.d.). Retrieved December 30, 2022, from https://www.eia.gov/dnav/pet/hist/LeafHandler.ashx?n=pet&s=emm_epmr_pte_y35ny_dpg&f=m
- *Social Security*. SSA. (n.d.). Retrieved December 30, 2022, from https://www.ssa.gov/benefits/retirement/planner/1943.html
- Church, W. by G., About the Author / Gemma Church Gemma Church is "the freelance writer who gets tech". A specialist journalist, & Gemma Church is "the freelance writer who gets tech". A specialist journalist. (2018, October 24). *A brief history of the open-office concept*. CommercialCafe. Retrieved December 30, 2022, from https://www.commercialcafe.com/blog/brief-history-open-office-concept/
- Iacurci, G. (2022, May 19). *Women are still paid 83 cents for every dollar men earn. here's why*. CNBC. Retrieved December 30, 2022, from https://www.cnbc.com/2022/05/19/women-are-still-paid-83-cents-for-every-dollar-men-earn-heres-why.html
- Adcock, S. (2020, March 30). *11 things I learned working in corporate America*. Ladders. Retrieved December 30, 2022, from https://www.theladders.com/career-advice/11-things-i-learned-working-in-corporate-america
- Tognini, G. (2019, October 2). *Self starters: 85% of America's richest entrepreneurs start first business by 40*. Forbes. Retrieved December 30, 2022, from https://www.forbes.com/sites/giacomotognini/2019/10/02/self-starters-85-of-americas-richest-entrepreneurs-start-first-business-by-40/?sh=2e2da4b15a9e
- *20 entrepreneur Statistics you need to know (2022)*. Apollo Technical LLC. (2022, June 20). Retrieved December 30, 2022, from https://www.apollotechnical.com/entrepreneur-statistics/
- Garcia, S. (2021, June 25). *Corporations and S corporations vs. llcs*. www.nolo.com. Retrieved December 30, 2022, from https://www.nolo.com/legal-encyclopedia/corporations-vs-llcs-29025.html
- *Three rounds of stimulus checks. see how many went out and for how much*. Three rounds of stimulus checks. See how many went out and for how much. | Pandemic Oversight. (2022, February 17). Retrieved December

30, 2022, from https://www.pandemicoversight.gov/data-interactive-
tools/data-stories/three-rounds-stimulus-checks-see-how-many-went-
out-and-how-much

- *A timeline of covid-19 developments in 2020.* AJMC. (n.d.). Retrieved
  December 30, 2022, from https://www.ajmc.com/view/a-timeline-of-
  covid19-developments-in-2020
- Marinova, I. (2022, August 19). *28 need-to-know remote work statistics of
  2022.* Review42. Retrieved December 30, 2022, from https://review42.
  com/resources/remote-work-statistics/
- *National Health Interview Survey Early Release Program.* (n.d.). Retrieved
  December 30, 2022, from https://www.cdc.gov/nchs/data/nhis/earlyre
  lease/insur202205.pdf
- (DCD), D. C. D. (2021, November 1). *What is the Medicaid program?* HHS.-
  gov. Retrieved December 30, 2022, from https://www.hhs.gov/
  answers/medicare-and-medicaid/what-is-the-medicaid-program/
  index.html
- *The Affordable Care Act (ACA) and your VA Health Care Coverage.* Veterans
  Affairs. (n.d.). Retrieved December 30, 2022, from https://www.va.gov/
  health/aca/FamilyMembers.asp
- *Costs.* Medicare. (n.d.). Retrieved December 30, 2022, from https://www.
  medicare.gov/basics/costs/medicare-costs
- Dana Todd Contributing Author Email , Todd, D., Author, C., Dana W.
  Todd writes nationwide for the interior design, Editor, C. R. A., Rogacz,
  C., Editor, A., & Christopher Rogacz is an associate editor for Home-
  Light's Seller Resource Center based in Washington. (2022, November
  15). *What percentage of homebuyers pay cash? it depends on the market.*
  HomeLight Blog. Retrieved December 30, 2022, from https://www.home
  light.com/blog/what-percentage-of-home-buyers-pay-cash/
- Folger, J. (2022, December 19). *Rent-to-own homes: How the process works.*
  Investopedia. Retrieved December 30, 2022, from https://www.investo
  pedia.com/updates/rent-to-own-homes/
- *Mortgage - définition - lexique crédit immobilier - boursedescrédits.* boursedes-
  credits.com. (n.d.). Retrieved December 30, 2022, from https://www.
  boursedescredits.com/lexique-definition-mortgage-3036.php
- Liz Knueven, L. G. T. (n.d.). *The average mortgage interest rate by state, Credit
  Score, year, and loan type.* Business Insider. Retrieved December 30, 2022,
  from https://www.businessinsider.com/personal-finance/average-mort
  gage-interest-rate
- DriversEd.com. (n.d.). *How much is the Texas driving test?* DriversEd.com.
  Retrieved December 30, 2022, from https://driversed.com/trending/
  how-much-texas-driving-test
- Linkov, J. (n.d.). *Leasing vs. buying a new car.* Consumer Reports. Retrieved

December 30, 2022, from https://www.consumerreports.org/buying-a-car/leasing-vs-buying-a-new-car-a9135602164/

- Preowned.lamborghini.com. (n.d.). Retrieved December 30, 2022, from https://preowned.lamborghini.com/en_us/searchresults?_gl=1%2Aad we4a%2A_ga%2AMTU4MjgxODYwNi4xNjYxNTU5Njg3% 2A_ga_Z6KBBZE20R%2AMTY2MTU1OTY4Ny4xLjEuMTY2MTU2M DE4MC42MC4wLjA.&model=Aventador

- *Code de la route AUX USA*. Sunset Boulevard. (2022, August 25). Retrieved December 30, 2022, from https://www.sunsetbld.com/preparer-voyage-usa/code-de-la-route-usa/

- Union, V. F. C. (n.d.). *7 key differences between credit unions and Banks*. Vermont Credit Union for Over 60 Years. Retrieved December 30, 2022, from https://www.vermontfederal.org/blog/7-differences-between-credit-unions-banks

- *Margin definition: Glossary*. CreditCards.com. (2019, February 28). Retrieved December 30, 2022, from https://www.creditcards.com/glossary/term-margin/

- Waugh, E. (2022, November 17). *What is a rewards credit card?* Experian. Retrieved December 30, 2022, from https://www.experian.com/blogs/ask-experian/what-is-a-rewards-credit-card/

- tZaFNBo4R9Yh. (2020, August 28). *Le credit score aux états-Unis - Votre Profil financier aux états-unis*. French District. Retrieved December 30, 2022, from https://frenchdistrict.com/articles/credit-score-construire-explications-historique/

- Tina. (2021, December 31). *Credit Repair Statistics for 2022*. Balancing Everything. Retrieved December 30, 2022, from https://balancingeverything. com/credit-repair-statistics/

- Goldblatt, H. (2020, July 31). *A brief history of 'karen'*. The New York Times. Retrieved December 30, 2022, from https://www.nytimes.com/2020/ 07/31/style/karen-name-meme-history.html

- A&E Television Networks. (2018, August 21). *This day in history*. History.-com. Retrieved December 30, 2022, from https://www.history.com/this-day-in-history

- Office of Public and Intergovernmental Affairs. (2009, October 19). *Veterans Affairs*. Go to VA.gov. Retrieved December 30, 2022, from https:// www.va.gov/opa/publications/celebrate_americas_freedoms.asp

- *Dollar*. Ambassade et consulats des Etats-Unis d'Amérique en France. (2017, April 24). Retrieved December 30, 2022, from https://fr.usem bassy.gov/fr/education-culture-fr/les-etats-unis-de-z/dollar/

- *Devise*. Ambassade et consulats des Etats-Unis d'Amérique en France. (2017, June 7). Retrieved December 30, 2022, from https://fr.usembassy. gov/fr/education-culture-fr/les-etats-unis-de-z/devise/

- *Homepage.* WHHA (en-US). (n.d.). Retrieved December 30, 2022, from http://www.whitehousehistory.org/
- *The coolidge pets.* Calvin Coolidge Presidential Foundation iCal. (n.d.). Retrieved December 30, 2022, from https://coolidgefoundation.org/resources/the-coolidge-pets/
- Google. (n.d.). *5 things you may not know about the statue of liberty - google arts & culture.* Google. Retrieved December 30, 2022, from https://artsandculture.google.com/story/5-things-you-may-not-know-about-the-statue-of-liberty/hgWBLOYeOkTxmQ
- *Statue de la liberté.* Ambassade et consulats des Etats-Unis d'Amérique en France. (2017, April 20). Retrieved December 30, 2022, from https://fr.usembassy.gov/fr/education-culture-fr/les-etats-unis-de-z/statue-de-la-liberte/
- *Amber alert.* AMBER Alert | Department of Public Safety. (n.d.). Retrieved December 30, 2022, from https://www.dps.texas.gov/section/intelligence-counterterrorism/amber-alert
- Crystal Bonvillian, C. M. G. N. C. D. (2021, January 22). *Police release new photos, Seek New Info in unsolved 1996 murder of Amber Hagerman.* KIRO 7 News Seattle. Retrieved December 30, 2022, from https://www.kiro7.com/news/trending/police-release-new-photos-seek-new-info-unsolved-1996-murder-amber-hagerman/DYCH62JDMVCOZFBRS265GCKCJU/
- *Statistics.* AMBER Alert. (n.d.). Retrieved December 30, 2022, from https://amberalert.ojp.gov/statistics
- *What is a zip code?: ZIP code lookup.* Loqate. (n.d.). Retrieved December 30, 2022, from https://www.loqate.com/resources/blog/what-is-a-zip-code/
- USPS Fact #306 | February 28. (2022, February 28). *41,692 ZIP Codes - U.S. postal facts.* Postal Facts - U.S. Postal Service. Retrieved December 30, 2022, from https://facts.usps.com/42000-zip-codes/
- History.com Editors. (2009, November 18). *Halloween 2022.* History.com. Retrieved December 30, 2022, from https://www.history.com/topics/halloween/history-of-halloween
- Encyclopædia Britannica, inc. (n.d.). *Thanksgiving Day.* Encyclopædia Britannica. Retrieved December 30, 2022, from https://www.britannica.com/topic/Thanksgiving-Day
- *Black friday death count.* Black Friday Death Count. (n.d.). Retrieved December 30, 2022, from http://blackfridaydeathcount.com/
- *Fast life.* Urban Dictionary. (n.d.). Retrieved December 30, 2022, from https://www.urbandictionary.com/define.php?term=Fast+life
- Piton, Q. (2014, July 15). *Thomas Ngijol : La Fastlife ? "un état d'esprit générationnel, un peu futile".* purebreak.com. Retrieved December 30, 2022, from

https://www.purebreak.com/news/thomas-ngijol-la-fastlife-un-etat-d-esprit-generationnel-un-peu-futile/76380

- Western Governors University. (2021, September 23). *Who is gen Z and how will they impact the workplace?* Western Governors University. Retrieved December 30, 2022, from https://www.wgu.edu/blog/who-is-gen-z-how-they-impact-workplace1906.html#close

- *Age range by generation.* Beresford Research. (2022, October 27). Retrieved December 30, 2022, from https://www.beresfordresearch.com/age-range-by-generation/

- CBS Interactive. (2007, November 20). *Study: Americans reading a lot less.* CBS News. Retrieved December 30, 2022, from https://www.cbsnews.com/news/study-americans-reading-a-lot-less/

- History.com Editors. (2017, July 19). *Baby boomers.* History.com. Retrieved December 30, 2022, from https://www.history.com/topics/world-war-ii/baby-boomers-video

- Larkin, B. (2019, October 8). *17 ways baby boomers changed the world.* Best Life. Retrieved December 30, 2022, from https://bestlifeonline.com/baby-boomer-positivies/

- Bell, S. (2022, August 5). *USA Today article shows how pandemic babies have fallen behind.* ZERO TO THREE. Retrieved December 30, 2022, from https://www.zerotothree.org/resource/usa-today-article-shows-how-pandemic-babies-have-fallen-behind/

- Russo, C. H. (2016, April 6). *So that's why it's called happy hour.* HuffPost. Retrieved December 30, 2022, from https://www.huffpost.com/entry/history-of-happy-hour_n_56fc8afee4b0daf53aeeb6fa

- *USCIS - Bienvenue aux États-Unis.* (n.d.). Retrieved January 17, 2023, from https://www.uscis.gov/sites/default/files/document/guides/M-618.pdf

TABLE DES MATIÈRES